辽宁大学工商管理学系列丛书
辽宁省“双一流”学科建设资助项目

政府会计信息的国家治理效应研究

Research on the National Governance Effect of Government Accounting Information

王汇华 著

中国财经出版传媒集团
经济科学出版社
Economic Science Press
·北京·

图书在版编目（CIP）数据

政府会计信息的国家治理效应研究／王汇华著. --北京：经济科学出版社，2024.4
（辽宁大学工商管理学系列丛书）
ISBN 978-7-5218-4624-9

Ⅰ.①政… Ⅱ.①王… Ⅲ.①预算会计-研究-中国②国家-行政管理-研究-中国 Ⅳ.①F812.3②D630.1

中国国家版本馆 CIP 数据核字(2023)第 050550 号

责任编辑：杨 洋 卢玥丞
责任校对：蒋子明
责任印制：范 艳

政府会计信息的国家治理效应研究
王汇华 著
经济科学出版社出版、发行 新华书店经销
社址：北京市海淀区阜成路甲 28 号 邮编：100142
总编部电话：010-88191217 发行部电话：010-88191522
网址：www.esp.com.cn
电子邮箱：esp@esp.com.cn
天猫网店：经济科学出版社旗舰店
网址：http://jjkxcbs.tmall.com
北京季蜂印刷有限公司印装
710×1000 16 开 13.5 印张 200000 字
2024 年 4 月第 1 版 2024 年 4 月第 1 次印刷
ISBN 978-7-5218-4624-9 定价：50.00 元
（图书出现印装问题，本社负责调换。电话：010-88191545）

编 委 会

总序

辽宁大学商学院前身是东北商业专科学校（1948 年成立）的工业经济教研室和会计学教研室。辽宁大学于 1990 年获得企业管理专业博士学位授予权，是全国较早获得企业管理专业博士点的单位之一。1995 年 9 月，辽宁大学经济管理学院的工商管理系、财会系和市场营销专业组建成立辽宁大学工商管理学院。2010 年 3 月，辽宁大学工商管理学院更名为辽宁大学商学院。经过七十多年的发展，在几代工商人的不懈努力下，目前学院拥有工商管理一级学科博士学位授权点和工商管理博士后流动站，覆盖企业管理、会计学、技术经济及管理和旅游管理四个二级学科博士学位授权点，拥有企业管理、会计学、技术经济及管理、旅游管理和管理科学与工程五个学术硕士学位授权点，拥有 MBA、EMBA、MPAcc、MAud、MV 和 MTA 六个专业硕士学位授权点，拥有工商管理、人力资源管理和市场营销三个国家一流本科专业建设点，会计学省级一流本科专业建设点和住建部认证的工程管理本科专业建设点。辽宁大学工商管理学科在教育部第四轮学科评估中取得 B + 位次，并且是辽宁大学“应用经济学”世界一流学科的主要支撑学科之一。

改革开放以来，辽大工商人一直怀揣推动中国工商管理学发展的坚定信念，一直肩负推动中国工商管理学发展的使命担当，在以人工智能、区块链、云计算、大数据和边缘计算等（AI、Blockchain、Cloud Computing、Big Data、Edge Computing）为代表的新技术推动下，我们正在从数字经济时代迈向智能经济时代。新技术及其催生的新物种、新商业、新模式，正带领我们开启新增长，迈向新未来。智能经济时代产生的一系列管理现象需要我们去清晰刻画，一系列管理问题需要我们去系统解答，一系列管理机制需要我们去深入探索，一系列管理理论需要我们去大胆创新。与此同时，智能经济时代对管理教育也带来了机遇和挑战，需要我们抓住机遇，从容应对挑战。在智能经济背景下，新一代辽大工商人担负起工商管理学科建设发展重担，积极投身于相关前沿领域研究，并取得了一些具有较高价值的科研和教学成果。本套系列丛书的陆续出版，就是对近年来辽大工商人学术思考和教育改革成果的集中呈现。

本套系列丛书主要聚焦工商管理学领域，划分为三个子系列，分别是学术专著、精品教材和青年学者系列。学术专著系列重点支持出版国家级项目和其他省部级重大重点项目成果，精品教材系列重点支持出版一流本科专业建设相关教材，青年学者系列重点支持出版优秀博士学位论文成果。希望本套系列丛书的出版能够得到社会各界，尤其是学界同仁和企业界朋友的关注。

本套丛书的出版得到了辽宁省双一流学科建设项目资助和经济科学出版社的鼎力支持。本套丛书得到了学界专家的充分肯定和鼓励，他们欣然担任本套丛书的学术顾问。在此，我代表辽宁大学商学院向大家致以诚挚的感谢！

张广胜

2024年3月

谨以此书献给我的父亲

王尔吉

前　言

国家治理是当今全世界最重要、最核心的命题之一，国家治理体系和治理能力是国家制度及其执行力的集中体现，旨在实现国家善治目标。国家治理体系和治理能力现代化建设对中国的重要性不言而喻，党的十八届三中全会通过的《中共中央关于全面深化改革若干重大问题的决定》，将“推进国家治理体系和治理能力现代化”列入“全面深化改革总目标”之中。中国特色社会主义制度决定了政府在各个治理领域的重要性和主导性，政府职能的转变和优化直接决定了各领域治理体系的构建和治理能力的提升，党的十八届三中全会也强调了转变政府职能，优化政府组织结构，增强政府公信力和执行力，建设法治政府和服务型政府的重要性。

国家治理现代化体系的构建过程中，财税体制改革起到了基础性支撑作用。政府会计改革作为财税体制改革的重要组成部分，其在我国特殊环境下由“基础经济信息系统”向“国家治理改革促进者”的角色演进。因此，政府会计的改革成效关乎整个国家善治的实现及进度。实现政府会计的全面改革，形成与国家治理体系构建相适应的政府财务报告制度，是近些年来我国公共管理领域学术界与实务界共同努力的重要目标。在国际政府会计改革的浪潮推动下，第十一届全国人民代表大会第四次会议通过的《中华人民共和国国民经济和社会发展第十二个五年规划纲要》中明确将我国政府会计改革提上日程。财政部于 2015 年 10 月 23 日发布了以权责发生制为基础的《政府会计准则——基本准则》，自

2017年1月1日起施行，明确了我国政府会计体系由预算会计和财务会计两部分构成，其中预算会计主要以收付实现制为基础，财务会计以权责发生制为主进行核算。这是我国政府会计迈向权责发生制的里程碑，从制度上规范了权责发生制政府会计的成立。

政府会计作为一个重要的人造信息系统，始终处于公共领域改革的最前沿，政府会计体系的完备协调程度直接影响其治理职能的作用发挥，进而影响整个国家治理能力和国家善治的实现步伐。本书以探索和检验政府会计信息在国家治理各领域的作用路径及治理效应为基础，构建符合我国国家治理体系设置的政府会计体系为总体目标，从不同治理领域分别探究政府会计体系的治理职能发挥及作用路径，从理论上探究政府会计在国家治理体系中的治理效应，并进行相应的实证检验，构建符合我国国家治理现代化建设需求的“三位一体”的政府会计体系，即在目前准则规定的政府预算会计、政府财务会计的基础上增加政府管理会计，以发挥各自的职能实现治理效应最大化。

本书将研究内容分为以下七个章节：

第1章：导论。本章主要介绍选题背景及重要政策的历史变革，提出研究意义，确定研究目标、研究思路和研究内容，阐述研究过程中使用的方法和技术路线，并说明研究可能的创新点。

第2章：文献综述。本章首先对政府会计的相关研究进行了综述，包括政府会计的基本理论、技术应用及财务报告和体系研究，并对国际和本国政府会计制度的改革历史进行了梳理。然后，对国家治理的研究进行综述，包括基本理论、构成与度量等研究的综述。最后，对与国家治理相关的政府会计研究进行梳理，以确定目前研究已有结论及研究方向，通过文献述评明确本项研究的研究方向及定位。

第3章：政府会计信息的治理效应与作用路径分析。本章在明确了国家治理与政府会计的基本概念与体系设置的基础上，分别从政治治理、经济治理、生态治理以及社会、文化治理角度理论分析了对政府会计的信息及职能需求，通过理论分析将现有政府会计体系扩展至“三元一体”的政府会计体系，不同会计体系的职能发挥对各治理能力的构建均发挥着相互衔接且不可替代的作用。

第4章：政府会计信息的政治治理效应实证研究。本章将政治治理目标细化为资源配置、财政风险及权力异化三个方面，并对应三方面分别检验了政府会计的治理效应，以我国2007~2015年的省级面板数据为研究样本检验政府会计信息是否对政治治理目标产生影响，并且通过进一步检验考察我国财政体制、经济发展等因素对政府会计治理效果的影响。

第5章：政府会计信息的经济、生态治理效应实证研究。本章第一部分将经济治理目标细化为经济发展和风险两方面，分别检验政府会计的治理效应，具体以我国2007~2015年31个省级数据为研究样本实证检验政府会计信息是否对经济治理目标产生影响，并且通过进一步检验考察我国区域性治理效果的差异及教育水平对政府会计治理作用的影响。第二部分是生态治理领域的实证检验，以生态治理的投入和“三废”产出为目标进行实证检验。

第6章：政府会计信息的社会治理效应实证检验。本章以社会治理指数和治理投入为目标，分别检验政府会计的治理效应。进一步考察了区域性治理差异及教育水平等不同因素对政府会计的治理作用产生的影响。由于文化治理衡量方式及数据年限的限制及文化治理机制的长远性及细微性约束，本章不对文化治理的实证研究过程进行细致阐述，毕竟制度对文化的影响是需要长期体现的。

第7章：研究结论、建议与展望。本章主要是对本项研究内容和主要结论的总结和评价，并提出一些有针对性的政策建议，指出不足及未来研究展望。

目录

CONTENTS

第1章

导　论

1.1　选题背景、历史沿革与问题提出

1.1.1　选题背景

国家治理是当今全世界最重要、最核心的命题之一，国家治理体系和治理能力是国家制度及其执行力的集中体现，旨在实现国家善治目标。国家治理体系和治理能力现代化建设对中国的重要性不言而喻，党的十八届三中全会通过的《中共中央关于全面深化改革若干重大问题的决定》（以下简称《决定》）将“推进国家治理体系和治理能力现代化”列入“全面深化改革总目标”之中。中国特色社会主义制度决定了政府在各个治理领域的重要性和主导性，政府职能的转变和优化直接决定了各领域治理体系的构建和治理能力的提升，党的十八届三中全会也强调了转变政府职能，优化政府组织结构，增强政府公信力和执行力，建设法治政府和服务型政府的重要性。其中，财税体制改革在整个全面深化改革工作中起到了基础性支撑作用。政府会计改革作为财税体制改革的重要组成部分，其改革成效关乎整个国家善治的实现及进度。实现政府会计的

全面改革，形成与国家治理体系构建相适应的政府财务报告制度，是近些年来我国公共管理领域学术界与实务界共同努力的重要目标。

国际经验证明，以政府会计体系改革为突破口完善公共财政管理、提高政府运行效率、提升政府公信力和执行力，进而推动整体国家治理能力的提升是切实可行的。西方发达国家如英国、美国、澳大利亚等国的政府会计体系改革始于20世纪80年代左右，随着新公共管理运动的兴起，政府受托责任的履行情况被推到风口浪尖，全面、科学反映政府受托责任履行情况的财务信息被社会公众强烈需求，由此，各国政府及学者纷纷积极探索政府会计体系的理论构建及改革路径等。目前，发达国家的政府财务报告除了包括反映政府预算执行的相关信息外，还包括反映政府资产、负债状况的财务状况信息、反映政府行政成本的信息及服务于政府绩效评价等的信息，编制基础也呈现出收付实现制与权责发生制不同程度的结合，可以在很大程度上同时满足政府内、外部使用者的信息需求。这些改革举措对提高预算使用效率、强化政府的行为绩效、约束政府异化行为和提升政治治理能力等产生了深远影响。然而，对政府会计进行改革并不是改革的初衷，而是为了适应政府所处的经济社会环境的信息需求，满足政府预算资金管理、提高政府运行效率，更加准确、科学地反映政府履行公共受托责任的情况。我国政府会计体系的发展步伐明显滞后于国际政府会计改革进程，以及本国的企业会计改革进程。在全球化趋势的带动下，我国2006年出台的《企业会计准则》得到了国际认可，基本上实现了与国际会计准则接轨。会计作为人造经济系统，其环境反应性决定了一个会计系统的作用发挥必须符合会计及财务报告所处的经济、社会、政治、文化等环境的要求。在当下，推进国家治理体系和治理能力现代化、实现国家善治就是最显著的公共环境，我国政府会计体系和财务报告制度改革必须融入这一大背景下，其改革工作才是有意义的。

我国政府会计体系自1994年的《中华人民共和国预算法》颁布后一直应用至今，1997年的“一则三制”（即《事业单位会计准则（试行）》

《财政总预算会计制度》《事业单位会计制度》《行政单位会计制度》）形成了以总预算会计、行政单位预算会计、事业单位预算会计为主，以国库收付会计、税收征解会计等为辅的预算会计体系。在全球化经济高速发展的时代，我国政府会计学术界及实务界开始积极探索适应经济社会发展的中国政府会计体系，从2000年成立的《对中国政府预算会计制度改革的研究：从收付实现制到权责发生制》课题组、2001年财政部的《〈财政总预算会计制度〉暂行补充规定》，到2006年的《国民经济和社会发展第十一个五年规划纲要》、2010年的《权责发生制政府综合财务报告试编办法》，直至2014年底国务院批转的财政部关于《权责发生制政府综合财务报告制度改革方案》及2015年财政部出台的《政府会计准则——基本准则》，明确了政府会计体系由预算会计和财务会计两部分组成，但财务会计改革截至2023年，总预算会计部分尚未涉及，因此政府会计系统能提供的财务信息仍是以预算资金的执行情况为主。然而，以反映预算执行情况为主的预算会计体系并不能满足国家治理现代化建设的需求。目前，尚不完善的政府会计体系已经成为推进国家治理现代化进程的重要桎梏，具体局限性表现在：第一，预算会计的收付实现制核算基础带来的局限性。在收付实现制下，只能核算当期到付的资金，对于资产等一次性购置记为一次性支出，不区分资本性和收益性，数据波动大，且连贯性较差，不利于预算资金及政府资产管理。进一步，成本费用等基础性信息的缺失使得政府绩效考核工作难以科学化开展，绩效政府、问责政府、服务型政府等发展因为基础数据的缺失无法有效推进。且这种计量方式使得官员存在跨期消费现象，代际问题更是严重危及政府整体财力，偏离公民利益最大化目标，甚至波及地方经济健康发展，不利于政府官员的责任意识建立。第二，预算会计的体系设置引致的痼疾。预算会计对资产、负债等要素定义的范围狭窄，公建、无形资产、国有股权投资及诸多隐性、或有负债等没有纳入核算范围，导致国有资产流失，无法全面掌握政府“家底”，不能有效建立政府债务风险预警机制。且不同单位的不同会计制度使得财政资金流动过程的财务信息被人为割裂，无法给信息使用者提供具有经济意义的财务信息，大大降低了政府财务信息的可靠性和相关性。第三，法律法规机制的不完备带来的缺陷。自1994年出台的《中华人民共和国预算法》颁布以来，政府会计相关规定再没有从法律层面加以约束，法律规定的预算会计仅从内部使用者角度规定了政府财务应披露的财务信息，对外部使用者的信息需求缺乏法律支持；《中华人民共和国预算法》和《中华人民共和国保密法》对政府财务信息的披露与否没有明确规定，使得很多信息处在模糊区，给了地方政府极大的自主发挥空间，对阳光政府、透明政府、服务型政府的建立设置了障碍。信息是国家治理的重要依据，要充分发挥政府会计信息在推进国家治理体系与治理能力现代化进程中的重要作用。因此，立足本国国情，借鉴国际经验，实现“建立健全与社会主义市场经济相适应的政府会计体系”迫在眉睫。

1.1.2　历史沿革

作为人造的信息系统之一，政府会计的信息需求随一国的政治、经济等外界环境的改变而改变（Patton，1987；Luder，1992；Chan，1998；叶龙等，2002；陈立齐和李建发，2003；路军伟和李建发，2006；陈穗红、石英华，2007），政府会计的改革从来不是为了改革而改革，而是符合利益相关者的需求而进行的改革（李建发，2001；陈胜群等，2002；王彦等，2009；常丽，2009；财政部会计司，2014）。接下来，本章节将对国际和国内政府会计的改革历史进行系统梳理，以明晰2010年以后政府会计面临的利益相关者需求的变化及政府会计改革的目标。

（1）国际政府会计历史沿革。

自20世纪80年代起，以企业式管理的方式提升政府绩效为目标的“新公共管理”运动席卷全球，且取得了惊人的成果。“新公共管理”运动的核心内容是引入企业的绩效管理方式及激励机制以提高政府工作绩效、提升政府提供公共服务或公共产品的能力。这里，美国学者詹姆斯（James L. Chan，2001）以政府会计和传统预算的关系为主将世界政府会计改革模式归类为德法模式、美国模式和英国模式，其中德法模式主要以德国和法国为主，主要在欧洲大陆范围使用，以财政预算管理为主要目标，政府会计处于从属地位，主要满足了“新公共管理”运动对政府加强预算管理及明晰政府财务状况的信息需求。20 世纪 90 年代初美国政府会计改革的目标主要集中在反映政府对公共资源的使用与管理上，联邦政府建立的政府财务会计旨在全面核算和反映政府资产负债和运营成本，且州与地方政府的改革先于联邦政府的会计改革，最终形成了兼顾预算与会计的折中改革模式。英国模式是英国、新西兰、澳大利亚等国采取的政府会计模式，多是为了缓解本国经济恶化、通货膨胀、对医疗卫生等公共服务及社保的各种需求的迫切导致的财政资金压力等问题进行的政府会计改革，其政府会计独立于传统的预算会计，全面地运用权责发生制计量政府的一切经济行为和公共活动，英国政府的公共部门资源会计与预算制（Resource Accounting and Budgeting，RAB）在国际政府会计体系中尤为独特。

（2）我国政府会计历史沿革。

政府会计和企业会计作为经济社会两大会计构成而言，对于国家经济社会发展的重要性不言而喻。2007 年起，我国企业会计准则经过了一系列与国际会计准则趋同的完善历程，其改革效果得到了国际社会的高度认可，使得我国的经济实力在国际上具有普遍认可的话语权。相较而言，自 1994 年起建立的与苏联相似的、符合当时预算管理体制的预算会计体系之后，我国的政府会计体系便趋于平稳发展，并没有根本性变化，这与我国企业会计体系的发展相比并不符合逻辑，毕竟政府与企业同处于一个社会经济背景下①。我国进入 20 世纪 90 年代后，经济体制由原来

① 2007 年企业会计紧随国际会计准则进行一系列大的变动，大部分账务处理都跟国际会计准则趋同，保留一部分考虑到我国市场特征的可行性处理。我国政府会计体系在进入 21 世纪之后直到 2015 年才有新的准则修订。

的计划经济向社会主义市场经济转变，经济体制的转变给整个社会经济带来了巨大变化，政府与市场的关系首当其冲。财政管理体制的变化导致对公共资金的记录和计量工具——政府会计体系的全面改革，从1997年起逐项发布的“一则三制”、《中华人民共和国预算法》、《中华人民共和国会计法》等制度共同构成了当时公共部门预算会计的制度框架，明确界定了预算会计核算方法和会计要素，规范了预算会计的记账方法和记账基础，完善了会计报告内容和报表体系，形成了更加完善、科学和系统的预算会计体系以适应市场经济体制需求。

然而，随着市场经济体制的不断完善，推进政府职能的逐渐转变，原有的预算会计制度在核算、管理公共财政资金和信息披露方面逐渐暴露出很多问题，以预算资金管理为主线的收付实现制预算会计在体现政府受托责任履行情况及满足政府职能转变等要求方面显得捉襟见肘，政府会计体系改革的紧要性日渐凸显。2000年财政部预算司与香港理工大学联合成立的课题组正式开启了新一轮政府会计权责发生制改革的研究、探索历程（路军伟和牛子凯，2014），以《中国政府预算会计制度改革研究：从收付实现制到权责发生制》课题组的研究成果为起点，国家陆续出台了一系列以建立权责发生制的政府财务会计体系为目的的制度，政府会计改革历程中的重要政策与制度如表1-1所示。

表1-1　　我国政府会计改革历史重要政策、制度

	时间	规定	具体内容
预算会计	1996~1997年	《事业单位会计准则（试行）》 《财政总预算会计制度》 《事业单位会计制度》 《行政单位会计制度》	确立中国预算会计体系
	2001年	《〈财政总预算会计制度〉补充规定》	对部分事项可以采用权责发生制
	2004年8月	《民间非营利组织会计制度》	积极借鉴国际经验及我国企业会计改革成果
	2006年	《国民经济和社会发展第十一个五年规划纲要》	对建立政府会计准则体系和政府综合财务报告制度提出了明确要求

续表

	时间	规定	具体内容
政府会计体系重构探索阶段	2010 年	全面修订《事业单位会计准则》《医院会计制度》 《行政单位会计制度》《高等学校会计制度》等	新一轮政府等行政事业单位会计改革由此展开
	2010 年	《权责发生制政府综合财务报告试编办法》	北京等 11 个省市正式开启权责发生制政府； 综合财务报告试编工作
	2011 年	《国民经济和社会发展第十二个五年规划纲要》	明确提出建立政府财务报告制度
	2013 年 11 月	《中共中央关于全面深化改革若干重大问题的决定》	建立跨年度预算平衡机制； 建立权责发生制的政府综合财务报告制度； 建立规范合理的中央和地方政府债务管理及风险预警机制
	2014 年 8 月 23 日	《关于修改〈中华人民共和国预算法〉的决定》	按年度编制以权责发生制为基础的综合财务报告； 报告政府整体财务状况、运行情况和财政中长期可持续性，并报本级人民代表大会常务委员会备案
	2014 年 9 月	《政府会计基本准则（征求意见稿）》	
	2014 年 9 月 26 日	《国务院关于深化预算管理制度改革的决定》	建立权责发生制的政府综合财务报告制度的具体要求、改革方案、制度规范和操作指南
	2014 年 12 月 12 日	《国务院关于批转财政部权责发生制政府综合财务报告制度改革方案的通知》	同意财政部的《权责发生制政府综合财务报告制度改革方案》
政府会计体系发展阶段	2015 年 10 月 23 日	《政府会计准则——基本准则》 《政府财务报告编制办法（试行）》 《政府综合财务报告编制操作指南（试行）》 《政府部门财务报告编制操作指南（试行）》	自 2017 年 1 月 1 日起施行包含以现金收付制为基础的预算会计及以权责发生制为基础的财务会计共同组成的政府会计体系

续表

	时间	规定	具体内容
政府会计体系发展阶段	2016 年 7 月 6 日	《关于印发〈政府会计准则第 1 号——存货〉等 4 项具体准则的通知》	
	2017 年 2 月 21 日	《关于印发〈政府会计准则第 3 号——固定资产〉应用指南的通知》	

纵观我国政府会计变迁历史，不难看出，会计这一人造信息系统的环境反映性，其职能发挥程度和体系设置合理性均受到外界经济社会的影响。当外界经济体制变迁引致政府职能的转变时，我国的预算会计体系仍然以服务于财政预算管理为主要目标，这对于政府绩效评价的开展、财政的科学化、精细化管理等需要无法满足。由于政治经济体制的独特性，在改革中借鉴西方国家政府会计改革经验与成果时需足够审慎，政府会计制度及其体系设置直接影响到其他公共财政制度的执行效果，对我国国家治理体系现代化建设的成果有着至关重要的影响。因此，研究政府会计改革离不开对所处改革大环境的考察和分析，以构建符合我国国家“善治”目标的政府会计体系，这也是本章梳理政府会计改革历程的意义所在。

1.1.3 研究意义

根据传统会计理论，明确会计目标是构建会计体系的逻辑起点，因此，政府会计体系的改革应追本溯源，先要明确政府会计目标。政府会计不同于企业会计之处在于其计量和反映的财务信息为公共受托责任的履行情况，“财”“政”不分家，政府会计体系改革涉及的是政治利益的改革，牵动整个国家社会经济体制，因此需更加审慎。政府会计作为人造信息系统的一种，其目标定位受限于所处的经济社会环境，而目前政府会计所处的最重要的社会经济环境即为国家治理体系和治理能力的现代化建设。由此，本书以实现国家治理体系和治理能力现代化建设为总目标，探究政府会计在国家治理体系中的治理职能及作用路径，剖析政府会计在各治理领域的作用路径，以为国家治理体系建设提供绵薄之力。

（1）理论意义。

第一，通过探索政府会计信息在国家治理各子系统中发挥治理作用的路径机制，完善政府会计体系设计，并以此为基础丰富政府会计的理论研究、政府会计信息的经济后果研究，扩展政府会计理论研究范畴。

第二，从国家治理宏观制度需求背景下分析政府会计改革的目标，准确界定政府会计体系构建的目标，有助于确保政府会计各子系统的职能发挥最大化。以宏观顶层体系构建视角落实中微观制度设计，以更加科学、明确地界定我国特殊环境下政府会计的改革方向与职能取向。

第三，以中国经验数据证实政府会计信息在政治治理、经济治理、社会文化治理及生态治理等多维度的治理职能发挥作用，为拓展政府会计本质和职能研究范畴提供数据支撑，丰富政府会计在社会经济等公共事务领域的作用机理研究，为我国整体国家治理体系构建提供指引和借鉴。

（2）现实价值。

第一，政府会计作为国家治理体系构建的基础性制度，不仅体现在其对政府财务状况的计量和记录上，分治理体系探究政府会计的治理作用机制也有助于丰富国家治理现代化建设的实现路径。政府会计是科学反映政治治理国家状况的信息系统，其所披露的量化信息数据是国家治理的重要基础数据支撑。

第二，明确政府会计信息在国家治理各领域职能发挥的路径，不仅有助于完善政府会计体系设计，更利于各治理主体适当使用政府会计信息以采取更高效的治理活动，充分发挥政府会计信息的治理职能。

第三，将政府会计体系构建置身于国家治理现代化建设的大制度环境中，有助于从顶层设计角度找准政府会计改革的方向及着力点，从目标导向更有针对性地优化政府会计改革方案，并为社会公民及其他利益相关者参与共治提供可实践路径。

1.2 研究目标、研究思路与研究内容

1.2.1 研究目标

政府会计作为一个重要的人造信息系统，始终处于公共领域改革的最前沿，政府会计体系的完备协调程度直接影响其治理职能的作用发挥，进而影响整个国家治理能力和国家善治的实现步伐。本书以探索和检验政府会计在国家治理各领域的作用路径及治理效应为基础，构建符合我国国家治理体系设置的政府会计体系为总体目标，并进一步分解为以下三个具体的研究目标。

（1）明确国家治理和政府会计本质，从治理领域分别探究政府会计体系的治理职能发挥及作用路径，从理论上探究政府会计在国家治理体系中的治理效应。

（2）以会计信息披露程度为切入点，探究政府会计在政治治理、经济治理、社会文化治理及生态治理等领域的治理效应，并进行相应的实证检验，同时进一步考察我国的财政制度、地区经济发展及教育水平等因素对政府会计的治理作用的影响。

（3）以国家治理各领域对政府会计信息的需求为导向，结合实证检验结果，构建符合我国国家治理现代化建设需求的“三位一体”的政府会计体系，即在目前准则规定的政府预算会计、政府财务会计的基础上

增加政府管理会计，以发挥各自的职能实现治理效应最大化。

1.2.2　研究思路

基于本书的选题及研究目标，具体研究思路如下所述。

第一部分为基础性研究，包括历史沿革、文献综述和理论框架研究。通过梳理国际和我国政府会计制度变迁的历史轨迹，对政府会计的改革规律及改革意义有一个基本认识，同时通过文献梳理对政府会计的基本要素及报告体系有个总体掌握，并对国家治理的理论和实践发展相关理论进行明晰。理论框架分析旨在将政府会计体系构建置于整体国家治理体系现代化建设中，分析不同的治理领域中政府会计的治理职能发挥路径，以探索符合我国国家治理需求的政府会计体系。

第二部分为实证研究。根据国家治理对象的不同将治理体系分为政治治理、经济治理、社会文化治理及生态治理，并分别根据已有理论研究，构建政府会计在不同治理领域的理论模型，以我国省级政府为研究对象实证检验相关理论命题。同时实证检验我国的财政体制、经济发展水平及教育水平等因素对政府会计的治理效应的影响分析。

第三部分为结论部分，根据理论分析及实证经验结论，以国家治理信息需求为目标构建符合我国国家治理体系现代化建设的政府会计体系，并根据不同职能将政府会计分为政府预算会计、政府财务会计及政府管理会计，以职能划分建立政府会计报告体系。

主体部分的研究思路如图 1 - 1 所示。

1.2.3　研究内容

根据研究目标与研究思路，研究内容分以下七个章节。

第 1 章：导论。主要介绍选题背景，梳理政府会计的制度变迁历史

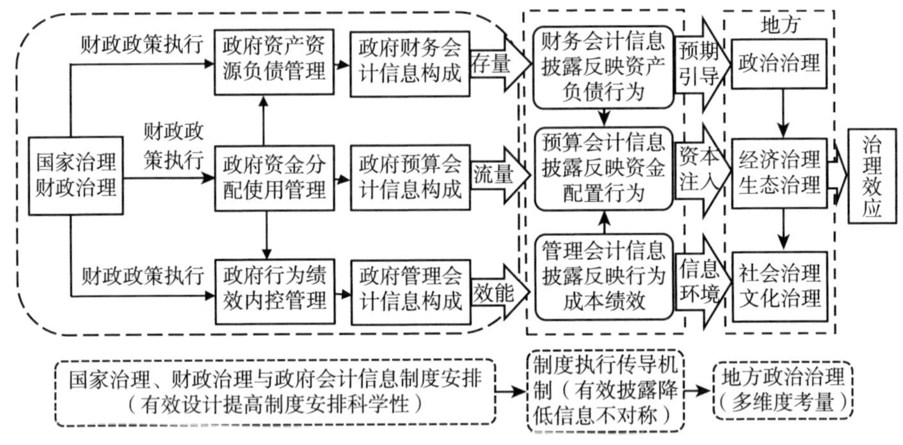

图1-1　研究思路

沿革，提出本书的研究意义，明确研究目标、研究思路及研究内容，阐述研究过程中使用的方法和技术路线，并提出可能的创新点。

第2章：文献综述。首先，对政府会计的相关研究进行了综述，包括政府会计的基本理论、技术应用及财务报告和体系研究。其次，对国家治理的研究进行综述，包括基本理论、构成与度量等研究的综述。最后，对与国家治理相关的政府会计研究进行梳理，以确定目前研究已有结论及研究方向，通过文献述评明确本书的方向及定位。

第3章：政府会计信息的治理效应与作用路径分析。本章在明确了国家治理与政府会计的基本概念与体系设置的基础上，分别从政治治理、经济治理、社会、文化治理及生态治理需求角度理论分析了对政府会计的信息及职能需求，通过理论分析将现有政府会计体系扩展至“三元一体”的政府会计体系，不同会计体系的职能发挥对各治理能力的构建均发挥着相互衔接且不可替代的作用。

第4章：政治会计信息的政治治理效应实证研究。本章将政治治理目标细化为资源配置、财政风险及权力异化三个方面，并对应三方面分别检验了政府会计的治理效应，以我国2007~2015年的省级面板数据为研究样本检验政府会计信息是否对政治治理目标产生影响，并且通过进一步检验考察我国财政体制、经济发展等因素对政府会计治理效果的影响。

第 5 章：政府会计信息的经济、生态治理效应实证研究。本章分两部分实证检验，第一部分是经济治理效应的实证研究，将经济治理目标细化为经济发展和风险两方面，分别检验政府会计的治理效应，具体以我国 2007 ~ 2015 年 31 个省级数据为研究样本实证检验政府会计信息是否对经济治理目标产生影响，并且通过进一步检验考察我国区域性治理效果的差异及教育水平对政府会计治理作用的影响。第二部分是生态治理领域的实证检验，以生态治理的投入和“三废”产出为目标进行实证检验。

第 6 章：政府会计信息的社会治理效应实证研究。本章以社会治理指数和治理投入为目标，分别检验政府会计的治理效应，进一步检验分别考察了区域性治理差异及教育水平等不同因素对政府会计的治理作用产生的影响。由于文化治理衡量方式、数据年限的限制、文化治理机制的长远性及细微性约束，本章不对文化治理的实证研究过程进行细致阐述，毕竟制度对文化的影响是需要时间体现的。

第 7 章：研究结论、建议与展望。本章主要是对本书内容和主要结论的总结和评价，并提出一些有针对性的政策建议，在此试图以政府会计信息为切入点构建包含政府预算会计、财务会计及管理会计的政府会计体系，并在结尾指出文中的不足及未来研究展望。

1.3　技术路线与研究方法

1.3.1　技术路线

根据研究思路及研究内容，本书的技术路线如图 1 - 2 所示。

引言
研究背景
研究目标
研究内容
研究方法
文献综述
文献法
历史分析法
政府会计研究
国家治理研究
政府会计的国家治理效应研究
文献述评
政府会计的国家治理效应路径分析
逻辑推理
归纳演绎
国家治理体系
政治治理
经济治理
社会治理
文化治理
生态治理
信息需求
职能发挥
政府预算会计
政府财务会计
政府管理会计
政府会计体系
政府会计信息治理效应的实证检验
面板数据多元回归
系统GMM等
政治治理领域
财政资源配置
财政风险
权力异化
经济及生态治理领域
经济治理领域
经济发展水平
经济风险水平
生态治理领域
生态治理投入
“三废”产出
社会文化治理领域
社会治理指数
社会治理投入
结论与启示
比较研究
归纳演绎
研究结论
政策建议
启示

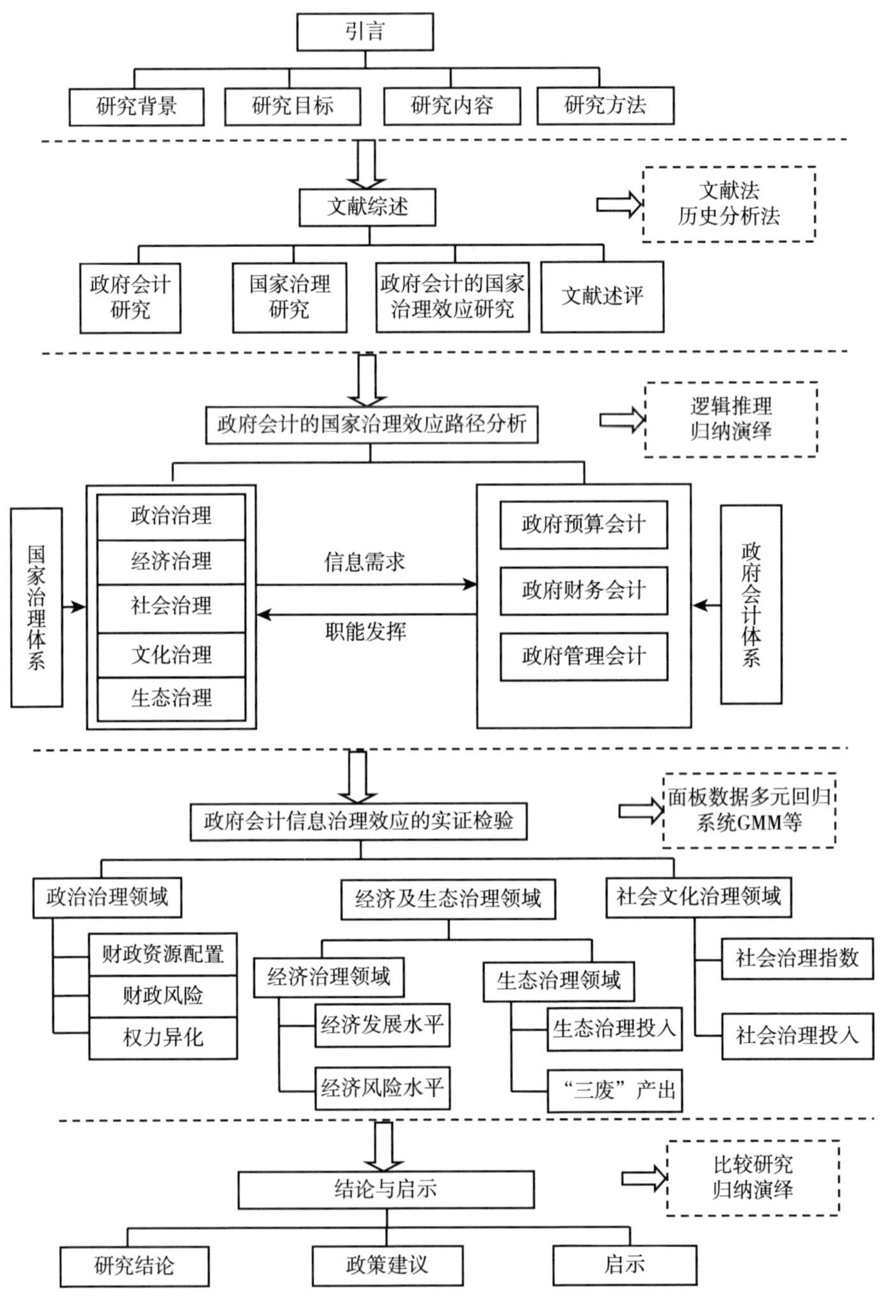

图 1－2　技术路线

1.3.2 研究方法

本书采用规范与实证相结合的研究方法，对基于国家治理需求的政府会计体系构建进行研究。根据各章节的内容，具体使用的研究方法如下。

（1）在第2章文献综述、历史沿革部分，主要采用文献法、历史分析法和归纳演绎法。通过对国内外政府会计制度改革的时点与当时社会经济制度背景的结合分析，对我国政府会计改革的目标取向进行定位；通过对国内外相关领域文献的整理和分析，归纳和总结现有研究的结论和状态，找出本书的切入点和定位。

（2）在第3章关于政府会计的国家治理效应的路径分析研究部分，主要采用归纳法和演绎法，以国家治理能力与治理体系现代化建设为逻辑起点，对政府财务信息需求和政府职能转变在财务信息上的体现进行系统梳理、重新界定，并从委托代理、公共管理、制度经济等多个理论视角，探讨政府会计信息在政治治理、经济治理、社会文化治理和生态治理领域的治理机制分析。

（3）在第4~6章关于各治理领域下政府会计信息治理效应的实证研究部分，首先以逻辑推理和归纳演绎的方法分别进行了理论分析和假设提出，之后主要采用大样本文档研究方法，以我国31个省级政府的数据为研究样本对研究假设进行检验，在借鉴已有研究度量相关变量的基础上，对样本数据进行描述性统计、相关性分析及面板数据的多元线性回归分析。为增强实证回归结果的稳健性，还分别采用了工具变量回归、系统GMM模型等方法进行检验。

（4）第7章研究结论和政策建议部分，主要采用归纳演绎和比较分析方法，对论文的研究结论进行客观总结与评价，并据此提出政策建议。

本书实证检验部分的数据处理和分析主要采用STATA 14.0完成，书中的分析绘图采用 Excel 或 Word 完成。

1.4 可能的创新点

总体来讲，本书探索性地研究了政府会计的国家治理效应，并用省级面板数据进行了实证检验，在丰富了国家治理体系互动发挥治理作用研究的同时，深化了对政府会计职能和政府会计体系设置的认识，拓展了关于政府会计治理职能的理论及实证研究。然而，在展开研究的过程中，笔者深切地意识到，一门学科一点点的理论发展或是实践的进步都是凝聚了诸多学者与同仁在该领域及其他相关方面全力付出的美好结果，本书对政府会计信息的体系构建或是国家治理现代化制度建设仅是杯水车薪之力。然而，能参与到这样一个题目的探讨或仅仅是思考中，笔者也倍感荣幸，因为这仅仅的一点探索及思考融入了为完善政府会计信息体系构建、为国家构建治理体系提供理论和现实依据的积极探索过程。由此，本书可能存在的创新点体现在以下三个方面。

第一，研究视角上，本书试图从国家治理需求视角着手研究政府会计的体系构建，作为一种人造信息系统，其提供信息服务于系统设定之时的目标，而该目标随着信息系统所处的制度背景环境的变化而变化，因此，适时探究会计信息系统的目标并随之调整会计体系设置以实现目标是每一名会计学者应积极探索的课题。国家治理体系和治理能力现代化建设是我国乃至全球社会经济体制改革最大的主题，结合国家治理需求调整政府会计体系设置是国家治理实现善治目标的关键。

第二，研究思路上，本书试图将国家治理以治理对象的不同分类，分别探究政府会计的职能发挥在各治理领域中起到的治理作用。这不同于以往的研究，从理论层面探究国家治理对政府会计的基本概念设定、成本会计的需求及预算绩效等具体信息的影响，而是将国家治理体系细化至政府、经济、社会、文化和生态治理，从各个治理领域探究其对政府会计的职能及信息需求，以需求为导向构建符合我国国家治理实现善治目标的政府会计体系，并分别以省级面板数据进行实证检验，在我国经济社会体制下，政府会计究竟有没有发挥理论上的治理职能？现有政府会计体系发挥了多少治理职能？以此探究政府预算会计、财务会计和管理会计的职能是否存在替代性，还是互补性。并结合理论分析和实践检验的结论，构建符合国家治理需求的完备的政府会计体系。

第三，从研究方法上，本书丰富了政府会计研究领域侧重单一规范式理论研究或实证检验的研究范式，而是将理论分析与实证检验有机结合，在一定程度上弥补了规范研究缺乏实际经验的数据支撑而导致研究结果的主观臆断，也弥补了纯粹的数理分析因缺乏理论推理导致数据结果的缺乏理论逻辑性。一方面，与企业会计研究相比，政府会计的相关研究由于其数据信息的痼疾，实证研究显得凤毛麟角，本书从国家治理的各领域分别对政府会计的治理效果进行实证检验，对该领域的实证研究起到了一定的补充和突破作用；另一方面，由于信息获取性、人力资源和知识局限，笔者无法独立获取省级政府会计体系的设置情况，且考虑到实证检验的可复制性，本书以财政透明度作为衡量政府会计的替代指标，虽然二者在概念上存在差异，但在经过详细分析本书采用的财政透明度指标体系设置后，笔者认为该指标在很大程度上衡量的仍然是政府会计系统的信息产出程度。实证检验的诸多数理分析仅作为逻辑推演的补充与拓展（由于数据及计量工具本身的局限及误差），因此，本书在理论推理和实证检验的基础上，结合国际经验，构建了符合我国制度背景的政府会计体系，并列示了政府会计体系的报告体系，充分兼顾了政府会计领域的规范与实证研究方法的优势与劣势，具有一定的创新性。

文献综述

对于政府会计的研究主要集中在两个方面，一是理论研究，即世界观和方法论层面的研究，研究的理论来源主要是公共经济学和公共管理学的基础理论和方法，其中，理论研究包括政府会计的理论基础研究和基础理论研究。二是应用研究，即把政府会计的基本理论用于指导政府会计实践与政策的研究，其研究主要体现在政府会计的技术应用和政策制定上。

2.1 政府会计文献综述

2.1.1 政府会计基础理论研究综述

（1）政府会计概念及内涵。

由于各国家的政治经济体制和管理体制的差异，政府会计的内涵存在一定差异。根据美国联邦会计咨询委员会（FASAB）和政府会计准则委员会（GASB）发布的概念框架和准则公告等。美国政育会计“着力于监督法律和预算的实施，支持财务管理。”①“提供完整、可靠、及时和一致的财务信息问”同“政府财务状况的信息使用者提供财务报告并表明政府的财务受托责任”，以便帮助报告使用者“进行经济、社会和政治决策”②。法国的《财政法组织法》（Constitutional Bylaw on Budget Law）政府会计表述为“记录行政部门（国家、地方政府和行政事业单位）的账目”，旨在“了解和控制预算和资金流动的步骤、财产状况、成本和年终结果”③，德国将政府会计视作预算体系的副产物，它被用于记录拨款的用途，其目标是监督预算的执行，向议会报告财政收支合法性。英国在1994年《对纳税人的钱做更好地会计核算：在政府中实施资源会计与预算》的意见征询文件中指出，“资源会计的概念包括用于报告英国中央政府支出的一整套的权责发生制会计技术，以及一整套针对各个部门的目标，并且在可能的情况下将其与各个部门的产出相挂钩的支出分析框架”④。

21世纪初及更早年，政府会计研究重点在“政府会计”“政府财务会计”与“预算”“预算会计”概念的关系探究上，目前较为统一的观点为政府会计是政府财务会计与预算会计的总称（李建发，2001；王雍君，2007；路军伟，2010；贺敬平，2011等），也有学者认为按照政府管理公共事务、利用公共资源和履行受托责任的不同职能可以细分为政府预算会计、政府财务会计和政府成本会计等部分（张曾莲，2008；刘用铨，2008a，2008b；贝洪俊，2009；常丽，2009；贝洪俊和施建华，2010），甚至提出政府管理会计概念（路军伟等，2007；王丽洁和张玉周，2007；景宏军和王蕴波，2008；常丽，2009，2011；刘永泽等，2014；胡国强等，2017）。

（2）政府会计目标与职能。

关于政府会计目标的学术探讨，讨论的聚焦点在于受托责任和决策

① 陈立齐．美国政府会计的原则和重大变化简介［J］．会计研究，2004（9）：28－30.

② 杨亚军．我国政府会计理论框架研究［D］．财政部财政科学研究所，2011.

③ 殷红．法国政府会计准则体系演进及其借签［J］．财会通讯，2010（77）：129－131.

④ HM Treasury. Better Accounting for the Taxpayer's Money：Resource Accounting and Budgeting in Government［N］. A Consultation Paper, 1994.

有用二者的取舍和倾向程度上。国际上一致认为解除政府的公共受托责任应是政府会计的最根本目标（GASB，1987；Alan Hardcastle，1990；Patton，1992；PSC，2003；Herawaty and Hogue，2007）。受托责任是政府会计产生的理论基础，也是政府会计准则制定时主要考虑的关键因素。美国政府会计准则委员会（GASB）以反映受托责任为主要目标，并在概念框架中对受托责任界定为公民的“有权知道”，认为政府应向公民证明公共资源的取得及使用的目的是合理的。美国审计总署（GAO）对受托责任的认识与GASB一致，认为公共受托责任就是指受托管理并有权使用公共资源的机构应向社会公众说明其全部活动情况的义务。然而，公共受托责任的概念随着社会经济的发展而不断更新，被赋予不同的意义，美国著名政府会计专家詹姆斯（James L. Chan，2003）认为政府会计在全球兴起的重要原因是当前民主制度及市场经济的发展对政府受托责任提出了更高的要求，因而政府会计在提供使公众监督政府履行经济、社会及政治责任的相关信息方面被提出更高要求，这些更高要求即表现为政府会计应提供信息使用者决策有用的信息（Petrie，2003）、评价资源配置合理性（Carpenter and Feroz，2001）、政府支出的绩效评价信息（Evans，1995；James，1998；Politt，2000；Jaruga et al.，2000）、更完善的财务信息披露来提升财政透明度（Kopits et al.，1998；Florini，2002；Walker，2004）。

结合我国政府会计的实务发展和制度背景，我国学界对政府会计最终目标的认定基本上是帮助政府解除公共受托责任（陈立齐、李建发，2003；陈志斌，2003；于国旺，2004；张国生，2004；贝洪俊，2004；陈小悦、陈璇，2005；常丽，2008），也有学者基于政府会计的不同职能区别界定政府会计的目标，即根据政府财务管理和预算管理两大目标分别设置政府财务会计和政府预算会计的目标（张琦等，2008；刘光忠，2010；路军伟等，2015；姜宏青等，2017）。随着经济发展政府隐性债务的剧增和地方债的不完全规范管理，更多学者提出应以风险管理为目标建立政府债务会计（肖鹏，2010；杨亚军，2013；章贵桥，2013）。

政府会计职能是我国政府会计基础理论研究的另一热门话题，诸多学者从政府会计职能角度探讨政府会计的合理性及体系构建（张琦，2006；路军伟，2006；章贵桥，2013；杨兴龙等，2014；陈志斌，2014）。明确政府会计职能对于准确定位政府会计在政府职能发挥中的作用具有显著意义，且政府会计职能，如解除公共受托责任（陈立齐、李建发，2003；贝洪俊，2004；陈小悦，陈璇，2005；常丽，2008）、决策支持（路军伟，2006；陈穗红等，2007；潘俊、陈志斌，2010）、绩效管理与评价（陈纪瑜等，2005；张琦，2006；戚艳霞等，2008；常丽，2009）、防范财政风险（肖鹏，2010；章贵桥，2013；刘慧芳，2013）、提高财政透明度（王雍君，2003，2007；刘笑霞，2007；常丽，2008；刘笑霞、李建发，2008；余应敏等，2010；孙琳等，2013）、政府管理工具（潘俊等，2010；王彦，2012；常丽，2013）、治理职能（陈志斌，2009；杨兴龙、杨晶，2014；李敬涛、陈志斌，2016）等，随着政府职能的发展和变化及经济社会发展而改变。

我国政府会计概念框架的研究主要结合中国政治制度背景进行。陈志斌（2009，2011，2012，2015）构建了一个包括触发器、结构变量、实施、实践与反馈等构成的整体分析模型来探讨影响政府会计概念框架的因素，深入探讨了政府会计概念框架结构、要素等问题；戚艳霞和王鑫（2010）、张娟（2010）从国际比较和借鉴角度进行了剖析；王雍君（2007）指出由于政府预算系统和财务系统在导向和功能上存在的实质性差别，政府财务会计要素不能作为预算会计概念框架的要素组成内容；陈继平（2011）、章贵桥等（2013）从公共管理视角分析了政府会计概念框架的构建路径；关于政府会计概念框架的要素选择研究（潘俊、陈志斌，2011），基于“二元”政府会计体系的概念框架设想（赵西卜，2012；曹越等，2012；陈继平，2012）；陈志斌、潘俊（2015）基于政府会计概念整体分析模型、框架结构与要素内容三个维度分析基于国家治理现代化的政府会计概念框架的整合思路与演进路径，探析政府会计概念框架在目标实现中的效应发挥。而还有学者提出“概念框架”本身是针对企业财务会计而提出的，因此将“概念框架”用于政府会计上失之偏颇，概念框架思路可以指导政府财务会计体系的构建，但无法支撑政府会计整体体系的构建和发展。

2.1.2 政府会计技术应用研究综述

科学技术的发展给现代会计理论和实务工作带来了巨大的冲击，为会计制度的发展带来了契机的同时也增加了困难。政府会计的技术影响因素是指那些对会计从确认、记录、计量、报告等环节的信息处理产生影响的新技术、新方法等。尤其是在技术迅猛发展的当今社会，政府会计面临的技术应用的更迭速度是前所未有的，这对政府会计的制度与管理都带来了挑战。技术应用的更新迭代是由会计所处的政治经济环境及工业技术发展所决定的，政府会计系统在新公共管理及经济危机等背景下提出了更高的目标要求和信息需求，因此政府会计技术应用层面随之被提出更高的要求。

在公共财政管理的推动下，里德和约翰（Reed B. J. and John W. S. , 1996）指出公共管理是一个技术型概念，主要研究货币资金如何在各机构间流动，因此政府会计是公共管理中最基础的技术。与之类似，多数学者认为政府会计是现代公共部门管理的重要组成部分之一（Lapsley, 1999；Hay D. , 2001）。随着新公共管理运动的兴起，西方国家针对政府会计实施权责发生制核算基础的改革，目的在于评价政府预算绩效，优化公共资源决策（Ittner and Larcher, 2001；Hatry, 2001；Pollitt, 2008；Moynihan, 2010），通过使用绩效评价提升政府公信力（Benowitz et al. , 1996）。尽管多数学者研究发现，财务类绩效信息对预算的决策或分配资源的影响更强（Reck, 2001），仍有研究发现预算绩效信息由于报告形式及制作周期的问题导致其很少被利用，财务预算绩效信息得不到应有的作用发挥（Raudlar，2012）。尽管权责发生制和收付实现制在公共部门会计制度的应用一直存在争议（Ellwood，2005），西方发达国家如美国、英国、德国、法国、新西兰、澳大利亚等国家已经实施多年（Ehsan Rayegan et al.，2012），约翰和卢德等（Jones R. and Luder et al.，2013）比较了德国、法国、英国、美国四国权责发生制政府会计的改革过程发现，没有哪个国家的改革方法是最优的，渐进式或激进式改革方法的采纳应符合政府会计制度改革的权变模型为最优。

自我国财政迎来政府采购、国库集中支付等一系列制度改革以来，我国学者便对政府会计的适应性改革进行讨论，整合政府会计体系（王雍君，2002；李建发，2001；梁丽，2006），引入权责发生制财务会计体系（邱红，2006；刘用铨，2007；李建发等，2015）。由于收付实现制对政府债务的计量和信息披露的缺陷是导致欧债危机的重要因素（娄洪，2012；余应敏，2014），诸多研究从政府债务风险管理及风险预警角度提出权责发生制政府财务会计的构建（刘光忠，2002；邢俊英，2004；杨亚军等，2013；王鑫、戚艳霞，2015）。学界的普遍观点肯定权责发生制计量基础的引入，分歧点在于权责发生制的引入程度，路军伟和于国旺（2015）认为应考量改革的“经济点”，以此作为权责发生制改革的依据和借鉴。

在收付实现制和权责发生制的计量基础研究层面，我国存在“重权责，轻收付”的学术现象，国际方面学者曾就此计量基础进行了探讨（James L. Chan，1998；Ellwood，2005），指出收付实现制在现金控制方面的优势是权责发生制无法实现的，因此对二者计量基础的选择和使用应在很大程度上取决于该国新公共管理改革的其他进展程度和该国预算管理的重心阶段，不应为了计量基础改革而改革，应将其作为新公共管理改革中的一项举措而实施。

2.1.3　政府财务报告研究综述

陈（Chan，2001）以政府财务会计和预算会计的关系为主将西方国家的政府会计分为三种模式，即以完全权责发生制为基础的英国模式、预算和财务会计并行的美国模式和以预算系统为主的德法模式，其中不同的政府会计模式代表了不同的利益诉求导向。西方学术界的主流观点是政府财务报告的主要目标及最高目标应为解除政府的公共受托责任（Sacco，1992；PSC，2003）。相对成熟的政府财务报告体系包含财务、合规、效益与效果等多方面信息，包括财务和非财务信息，以满足各种信息使用者在微观和宏观上的信息需求（Brown R. E. et al.，1982；PSC，2003）。以美国联邦政府财务报告体系为例，联邦政府的财务报告包括预算报表、资产负债表、业务运营表、现金流量表等报表信息，还包括报表附注、管理当局的分析讨论和其他补充信息①等，采用财务信息和非财务信息的形式兼顾了政府对预算受托责任的履行情况和财务状况、运营成果信息的披露。自此，诸多国家通过完善公共部门财务报告体系来反映更多的政府服务成本与绩效的信息，包括美国、英国等发达国家。

我国对其他国家政府会计与财务报告改革的研究多是通过不同国家的改革历程梳理中总结出一部分结合我国国情得以借鉴的经验和建议（陈小悦和陈立齐，2002；刘世忠等，2004；刘玉廷，2004；马如雪等，2004；财政部会计司，2005；王庆东和常丽，2007；陈立齐，2009；刘光忠，2010；荆新等，2015；潘琰等，2015；徐捷，2017）。随着我国学者对西方政府财务报告体系改革的技术层面的探究逐渐深入，单纯的以西方国家政府会计改革实施步骤及改革原因的探究逐渐被更新颖的视角替代，如路军伟等（2015）通过分析美国联邦和地方政府财务报告技术特征的差异指出，政府财务报告的历史演进与变革的逻辑起点应是制度环境，我国的权责发生制政府综合财务报告的技术选择应以符合特定制度环境的受托责任要求为出发点建立政府会计准则体系。潘琰等（2016）基于政府财务报告与政府财政统计框架、国民账户体系等国际财政报告

① 除管理层讨论与分析以外的必要的补充信息，包括必要的预算比较信息，应紧跟在财务报表注释后面反映。

体系概念视角分析政府财务报告的定位及功能作用，为后续完善发展政府财务报告发掘了更宽广的视角及应用。李倩云、吴杰（2017）通过比较中国、美国和国际政府财务会计概念框架分析三者的异同，提出后续政府会计概念框架体系设计建议。田五星、李建发和张国清（2017）在总结了印度尼西亚十几年公共部门会计改革的过程中，提出适合我国国情的政府综合财务报告制度建设和执行的改革意见，遵循循序渐进、相关政策的统一、与自动化政府财务管理信息系统相结合及大力发展相关人力资源建设等经验，并从国家善治高度指出高质量的政府会计和财务报告是提升国家善治实务的有效途径。与此同时，还有一些学者基于我国权责发生制试点改革的实践过程中归纳了主要贡献、改革成效及现存问题（贺敬平等，2011；王惠平，2014），为我国进一步全面推行政府综合财务报告制度梳理了宝贵的改进意见及可行性建议。

目前较为统一的观点是制定政府会计准则体系，编制与政府预算报告相平行的政府综合财务报告（全国预算会计课题组，2009；王彦等，2009；刘光忠，2010；潘俊等，2010；张琦等，2011），部分学者基于具体管理需求角度出发构建政府财务报告体系，如常丽（2007，2013）多次基于新公共治理、绩效管理视角涉及构建多层次、复合型政府财务报告体系，王鑫和戚艳霞（2015）、杨亚军等（2013）、刘慧芳（2013）等对政府债务会计系统的记录和计量、科目设置和财务报告等方面逐一进行讨论设计，以期实现预算管理和债务管理双重目标。关于政府财务报告的组成内容，多数研究认为除预算执行情况报告外还应包括全面反映政府资产负债情况的报表（李建发，2001；李建发等，2004；王彦等，2009），以及便于绩效评价的成本、费用等财务和非财务信息（李建发等，2004；贾康，2006；戚艳霞等，2008；潘俊等，2010）。

对于政府财务报告的信息质量，普遍一致的认知是政府财务报告应具备可靠性、相关性、可理解性、及时性和可比性等（GASB，1987；Kopits and Craig，1998；IPSASB，2001）。国内对政府财务报告信息质量特征的探究相对较少，基本结论呈现出遵循成本效益[①]原则，以透明度为首要质量特征（陈志斌，2012；周咏梅，2015），同时保证可靠性、相关性、可比性及及时性等特征（陈劲松等，2009；曹越等，2012；陈志斌，2012；周咏梅，2015）。

2.1.4 政府会计体系研究综述

在政府会计体系的构建研究中，自20世纪八九十年代至今，中国的学术界过多将研究重心放在政府财务会计体系的构建与预算会计的协调之上（王丽洁等，2007；赵西卜等，2007；张国生，2005；张琦等，2008），并在研究重心上呈现出重视财务会计、轻视预算会计的倾向（王雍君，2017），少数的预算会计体系的研究也是基于绩效管理的需求视角（刘用铨，2013；王丽洁等，2007）。其中，王雍君（2017）指出我国政府目前的“预算会计”并不是真正意义上的预算会计，应改善为基于支出周期的全面的预算会计；张琦等（2011）从政府会计与政府预算的视角探讨了预算会计体系的重构，区分了法定预算和单位预算会计的本质区别，并建立了以法定预算控制会计、单位预算控制会计和单位财务会计为要素的政府会计系统初步设想。张琦等（2008）认为政府公共受托责任的解除与政府绩效评价都需要多元化信息的支持，在设计我国未来政府会计改革路径时，需考虑会计系统不同类型子系统的具体需求，分别发挥应计制和现金制的优点。

关于政府会计体系的组成内容，讨论颇多。路军伟（2006）提出政府应建立预算和财务“双轨制”会计体系，其中，成本会计是财务会计的延伸，不构成一个单独的会计系统。与之类似的观点是王瑶（2006）认为政府成本会计应用权责发生制，因此应视作财务会计的一部分。姜宏青等（2016）从控制取向和管理取向视角区分，将成本会计置于财务

① 或称为约束条件。

会计和管理会计双重系统之下。张国生（2005）认为政府会计需要一个管理或成本会计体系，以降低服务成本，提高运营效率和效益，作者提出以财务会计、成本管理会计、预算会计和基金会计为一体的政府会计体系。王雍君（2017）认为我国应建立包含预算会计、财务会计和成本会计的政府会计体系，并强调了预算会计的重要性。王丽洁等（2007）基于绩效管理视角提出政府会计体系的内容包括预算会计、财务会计、管理会计和成本会计四个子系统，并以财务会计为主干。陆阳春（2013）从会计职能角度出发，构建包含预算、财务和成本会计三元的政府会计体系，并指出三者因其职能发挥的不同在该体系中同样重要。胡景涛（2011）从绩效管理的角度论述政府建立预算、财务和管理会计的会计体系。

在政府会计体系构建中，争议最多的部分在于管理会计的构建与否及成本会计的位置。政府管理会计概念最早由美国学者罗布森（1953）提出，埃尔斯沃思博士（1967）研究指出在能够及时、真实的提供成本和其他有用的财务信息会计系统中，管理会计是相对有效的。自此，学术界展开了对政府管理会计的相关研究。随后的三十年间，对政府管理会计的研究逐渐增多，研究方法也趋于多元化，结论无不显示政府管理会计在预算和控制领域的重要作用，涉及公平和环保等其他社会责任领域。反观我国关于政府管理会计的研究，2005 年之后随着公共财政变革的深入逐渐兴起（路军伟，2006；张曾莲，2008，2009，2011；胡景涛，2011），对政府管理会计引入的必要性及可能性首先进行了学术探讨（罗辉，2006；路军伟，2006；张曾莲，2008a），以及政府管理会计发展和建立的国际经验总结（张曾莲，2008b；黄双蓉，2011）。

关于成本会计的研究数量相对偏少，且多停留在政府引入成本会计的必要性层面（王瑶，2006；李长虹，2006；刘用铨，2008；贝洪俊，2009；常丽，2009），以及对国际政府成本会计应用的经验总结上（李元，2007；刘用铨，2008；贝洪俊等，2010；邓九生，2012；谢莉莉，2013；赵西卜等，2016）。随着学者对政府成本会计的研究逐渐深入，近期出现了一些对成本会计的框架研究，常丽（2009）进行了政府成本会计的总体目标定位、成本核算范围、成本核算方法及成本报表等具体内容研究；姜宏青等（2016）建议构建多元化政府成本会计信息系统，并探讨了政府成本会计的目标、成本核算对象、成本归集方式、信息披露等。郝东洋等（2016）、赵西卜等（2016）、杨敏（2016）分别构建了包括政府成本会计目标、核算对象及内容、核算原则、核算基础、技术方法与报告方式在内的政府成本会计概念框架。

2.2 国家治理研究综述

自党的十八届三中全会以来，国家治理的提出进入了社会公众视野，但是“国家治理”“政治治理”“社会治理”等概念，甚至“治理”概念，并不是近期产生的，而是被学界研究讨论近 30 年取得了基本一致认同的概念。下面将就国家治理的基础概念和构成与度量展开综述。

2.2.1 国家治理基础理论

“治理”（governance）一词源于古拉丁文和古希腊语，原意是控制、引导和操纵，在 20 世纪末被用来形容撒哈拉以南的“治理危机”（crisis in governance），自此以后，治理多用于描述后殖民地和发展中国家的政治状况。随后的几年间，随着新公共管理活动的深化和发展，治理成为解决公共事务、协调政府与市场矛盾的新社会形态进入西方学术研究视野。国际组织对治理的概念讨论如下：世界银行将治理定义为“利用资源和政治权威管理社会问题与事务的实践”；全球治理委员会对治理的定义为“各种公共的或私人的个人和机构管理其共同事务的诸多方式的总和”（CGG，1992）；联合国发展计划署认为“治理是基于法律规则和正义、平等的高效系统的公共管理框架，贯穿于管理和被管理的整个过程，它要求建立可持续的体系，赋权于人民，使其成为整个过程的支配者”（CGG，1992）。其中，只有世界银行的概念强调了政治权威，其他组织的治理定义中均弱化了政治权威，突出强调人民的平等权利，共同点在于管理公共事务。

习近平总书记在《切实把思想统一到党的十八届三中全会精神上来》的重要讲话将“国家治理”“政治治理”“社会治理”等概念展现在大众眼前[①]。但我国学者对于治理概念的引用、治理体系在中国的构建及发展等问题讨论已久并初步形成了统一的认知。我国学术界认为中国的国家治理本质是不同于西方国家的，其治理主体依旧是政府、市场及社会公民等多元主体，治理的对象是管理公共事务，解决公共矛盾，治理的手段也鼓励除政治管理以外的多主体协同合作、平等协商等，但中国的治理强调政府的主导地位，“党领导人民有效治理国家”（王浦劬，2014；俞可平，2014；魏志勋，2014；何增科，2014；张兴华，2014；薛澜等，2015）。我国对国家治理的学术探讨首先厘清“治理”机制的引入及与西方治理应用的区别，国家治理体系构建的重心是政治治理（何显明，2013；王浦劬，2014；俞可平，2014；赵宇峰等，2015；张兴华，2014），通过政治治理体系的重构实现政府、市场、社会之间的合理分工与有效协作，最大限度地增进公共利益是国家治理的根本目标（薛澜等，2015）。对于国家治理体系的设计，“一定包含价值、制度、组织与机制四种要素”（唐皇凤，2009），与福山（2007）观点相同。可喜的是已有研究开始探索大数据的开放与利用对国家治理的重要作用及结合我国现状的对策建议（王芳等，2015；唐皇凤等，2014）。

2.2.2 国家治理的构成与度量

在明确了国家治理体系与治理能力现代化构建中政府的主导地位及

① 习近平. 切实把思想统一到党的十八届三中全会精神上来［N］. 人民日报，2014－01－01.

重要性之后，多数研究开始展开体系构建的具体实现路径。目前，学术界对“国家治理体系”的解构，基本从横向和纵向两个维度进行，其中横向解构的本质是各领域各种制度的有机结合（王浦劬，2014），认为国家治理体系是全面协调和解决各领域各种矛盾的制度架构，基本上是对官方概念的重新解读；纵向解构主要从治理理念—制度—组织—方式四个层次（许耀桐等，2014）或治理主体—机制—效果三层次（俞可平，2014）展开，主要探讨国家治理顶层战略思想与宏微观制度的逻辑链条。习近平总书记指出，“国家治理体系是在党领导下管理国家的制度体系，包括经济、政治、文化、社会、生态文明和党的建设等各领域体制机制、法律法规安排，也就是一整套紧密相连、相互协调的国家制度”（习近平，2013）。基于政治、经济、社会、文化、生态、政党等多领域、多层次的治理结构，政治治理、经济治理、社会治理等成为现代国家治理体系的次级体系（薛澜等，2014）。国家治理体系是一个结构性动态均衡的系统，其在形式上是一系列规范体制机制的国家制度（姜晓萍，2014；俞可平，2014），以目标体系为追求、以制度体系为支撑、以价值体系为基础（何增科，2014），其运行的顺畅程度与制度构建的合理性直接影响国家治理的水平。

随后的学术研究对我国可行的国家治理体系和治理能力现代化构建进行展开讨论（何显明，2013；施雪华等，2014；薛澜等，2014；薛澜等，2015；许耀桐等，2014；魏志勋，2014；何增科，2014；俞可平，2014；郑言等，2014）。其中，周雪光（2011，2013，2019）从史学角度对我国国家治理的发展展开研究，并结合制度经济学的“路径变迁”理论分析指出我国国家体制的突出特点是正式制度与非正式制度的结合，因此不能全盘照搬西方国家的治理体系，应设计符合中国大历史背景下的被社会和民众所接受、认同的治理体系。

国家治理能力是运用国家制度协调社会各方面事务的水平，法治是国家治理能力构建的基础（魏志勋，2014；许耀桐和刘祺，2014），国家治理能力的根本提升有赖于深化改革（魏志勋，2014）。王浦劬（2014）认为，政治治理区别于其他治理的关键在于政治治理的主体和客体均是政府，即政治治理即为“治理政府”，政府对其自身的内部管理和组织结构的优化是政治治理成功的关键，并直接影响国家其他治理体系的构建。薛澜和李宇环（2014）认为我国的国家治理能力现代化建设主要是强有力政府保障和完善市场的有序运行，并放权于社会组织，引导公民社会组织的发展，但作者认为中国目前的社会体系不足以承接政府的职能转移。

关于国家治理的指标衡量，世界银行提出了全球治理指数（the worldwide governance indicators，WGI），由言论和问责（voice and accountability）、政治稳定（political stability and absence of violence）、政府效能（government effectiveness）、监管质量（regulatory quality）、法治（rule of law）和腐败控制（control of corruption）等六项指标组成，是迄今为止跨国治理指数研究最为常用的指标。我国华东政法大学政治学研究院于2015年起逐年发布了包括100多个国家在内的国家治理指数（National Governance Index，NGI）。NGI与WGI最大的区别在于WGI多基于问卷调查得出基础数据，而NGI全部基础数据来源于更为客观的数据库。与之相关的指数研究还包括国家参与全球治理指数（States' Participation Index of Global Governance，SPIGG）和G20国家治理指数等，对于指标体系的建立和指数排名的数据积累有助于分析我国国家治理各体系能力的建设及发展情况，便于从多角度提升我国国家治理能力。

2.3 政府会计的国家治理效应研究综述

2.3.1 理论研究综述

财政是国家治理的基础和重要支柱（荆新，2015；高培勇，2014），财税体制改革在整个国家治理体系构建中起到基础性支撑作用（陈志斌，潘俊，2015）。国内学者在国家治理与政府会计的主题研究中主要集中在理论的逻辑构建上，探讨国家治理背景下政府会计治理职能的发挥途径与机理，为推进改革作理论准备。政府会计体系的有序运行可以对政府的违规、无效率行为起到一定的约束作用，并能缓解政府与社会公众之间的委托代理问题（谢志华等，2010），政府会计对公共治理具有反作用，起到制衡公权力、促进廉洁政府的建设、促进公共治理改革的作用（陈志斌，2014）。李定清（2013）指出，政治治理与政府会计的目标和原则具有一致性。政府会计制度是推动国家治理现代化的机制和程序之一（杨剑勇和章贵桥，2016；李敬涛和陈志斌，2016；李英，2014）。政府会计应整合政府财务报告、政府预算和政府财政统计等制度，形成一个清晰连贯的财政报告框架，以更好地发挥政府会计在全球政治经济中的国家治理基础性作用（陈立齐，2015）。

2014 年起，政府会计与国家治理主题的研究涌现出来，学者们均指出本轮政府会计制度改革的目标在于推进国家治理体系和治理能力现代化（应益华，2017；张琦，2016；戚艳霞，2016；杨剑勇和章贵桥，2016；朱殿骅，2016 等）。杨兴龙和杨晶（2014）以政府会计、预算管理、绩效考评、内部控制和国家审计为重要组成的“大会计”系统在国家治理中发挥作用，并以地方政府债务为例阐述了大会计系统发挥治理功能的路径。李建发等（2015）基于新公共治理理论从政府财务报告目标与报告模式、政府会计与财务报告准则体系等角度，设计了国家治理导向的权责发生制政府综合财务报告制度。陈志斌（2014）剖析了政府会计对国家治理的重要作用，并基于国家治理的视角逐个分析政府会计概念框架中的各要素的界定及组成部分，陈志斌和潘俊（2015）从整体分析模型、框架结构与要素内容三个维度解析了政府会计概念框架的整合思路与严谨路径，探析服务于国家治理现代化的政府会计准则体系建设。李敬涛和陈志斌（2016）基于国家治理的本体、横向和纵向三个维度分别剖析了政府会计治理效应的不同显现形式及作用路径，厘清了政府会计在我国特殊环境下由“基础经济信息系统”向“国家治理改革促进者”的角色演进过程，以期能为协同推进中国的政府会计改革与国家治理转型提供指引和借鉴。

国外关于政府会计治理功能的研究主要集中在新公共管理运动背景下的职能演进，强调利益相关者的信息需求对政府会计改革的推动作用。普雷姆詹德（1996）认为，传统的市场需求要求政府提供关于公共财物如何消费的会计记录，市场经济的发展使得公众对政府会计信息提出了更多的需求，公众需要定期了解政府如何运用经济政策工具及它们的有效程度。乔汉（Johan C.，2007）认为新公共管理运动赋予公共受托责任更为丰富的委托代理关系内涵，这使得政府会计的职能得到了发展，政府会计改革成为新公共管理中最为先行的改革，政府会计的类型也丰富起来。由于改革成熟国家的政府会计的数据透明度较高，较多实证文献探究改革是否在各个领域效果的发挥及影响改革发挥效用的原因。

2.3.2 实证研究综述

目前国际经验研究结果表明，政府会计在国家治理过程中可以发挥促进作用（孙琳和方爱丽，2015），具体体现在抑制腐败、增加政治信任、更好地履行受托责任、社会资本增加等作用。会计的作用在国家治理过程中应从“观察者”角色转变为“促进者”，其中，政府会计对腐败的抑制作用被诸多经验研究证实（Ellis and Fender，2006；Bastida and Francisco，2007）。山瑶和良玄堂（Yamanura and Kondoh，2013）的研究指出，正是信息不对称产生了政府的机会主义和寻租行为，政府财务信息的公开直接减少了寻租活动，有利于抑制政府的腐败等不当行为的发生。格蕾丝·奥福格布（Grace Ofoegbu，2014）采用调查问卷及公开可获取的数据实证研究表明，公共部门会计准则采用权责发生制将大大提升尼日利亚公共部门的问责制、透明度，以及政府财务信息的质量，直接促进善治水平的提升。罗伯特·艾伦（Robert D. Allen，2013）甚至发现，具有会计教育工作背景及金融专业等人士积极参与经济治理过程都有助于控制政府支出规模及政府债务规模。这与金布罗（M. B. Kimbro，2016）的实证结论类似，他以61国数据实证检验显示，不仅更有效的会计体系、更好的财务报告标准对抑制腐败行为有作用，拥有更大密度的会计人士本身对腐败也有抑制作用。国际研究显示，在动态的新公共治理过程中，为了实现国家善治，政府会计和财务报告可能发挥加强民主、社会控制、受托责任、创造社会权力等作用。

目前，我国学者多从建立政府权责发生制财务会计体系着手，落脚于披露政府综合财务报告以健全政府会计职能发挥作用，少数研究基于试编权责发生制政府综合财务报告的过程和实践结果提出进一步推广政策及实施的整改意见。王祥君等（2014）指出，改革政府会计体系、建立权责发生制政府综合财务报告制度是完善国家治理的重要途径，并提出协同政府会计改革的政府财务报表审计总体思路。陈志斌（2014）指出政府会计和政府综合财务报告可以起到促进勤政廉洁、制衡与自律、推进公共治理改革的职能，将政府会计及财务报告定位于公共治理改革促进者的角色。娄洪（2014）认为从科学内涵和功能作用角度分析权责发生制政府综合财务报告制度必然成为国家治理体系和治理能力现代化建设的重要制度基础。李建发和张国清（2015）从政府财务报告目标与报告模式、政府会计与财务报告准则体系、权责发生制政府会计体系等角度构建国家治理导向的权责发生制政府综合财务报告制度。

我国近期的政府会计相关研究呈现出越来越多的以数据为基础的实证研究，通过经济合作与发展组织（OECD）数据库实证检验政府会计核算基础、政府会计改革与政治治理、政府绩效等的相关性（侯林芳，2016），实证结果普遍证明权责发生制的政府会计改革对政治治理的提高有显著相关性（王汇华等，2019），其中对反腐败的治理效果甚是明显

（孙琳和方爱丽，2013；王汇华等，2019）。张曾莲和高姗（2016）实证检验了经济、科技水平及法律等环境因素对政府会计改革的影响，并对我国的改革环境因素做了符合性研究，结论支持中国在当下进行政府会计改革。政府管理会计在政治治理甚至是国家治理中的重要作用也被重视（刘永泽和况玉书，2014；郝东洋和张冉，2016；王华和李欣洋，2015）。张琦（2015，2016）实证检验发现作为“第四方”的媒体报道作用于政府经济行为的作用路径，并揭示了适合我国的媒体正面报道与负面报道不同的作用路径。

2.4 文献述评

国外的政府会计研究主要集中在政府会计改革的实施过程中的改革遵从度、改革效果、改革案例经验等方面的研究，对于改革动因、改革治理功能和改革路径的研究较少，多采用逻辑推理和实证分析的方法探析改革的环境、阻力及路径等，而国内关于政府会计的研究由于处于改革的初期阶段，大多研究集中探讨改革动因、改革模式选择问题，为后续的改革工作做理论积累。多数学者认为我国的会计改革应采取渐进式改革，确立“双系统”，逐步建立从收付实现制基础的预算会计体制改革到权责发生制为基础的政府财务会计和预算会计并重体制。对于政府会计改革和国家治理效果的研究大多局限于规范研究，部分学者以实证分析的方法研究了国家治理的效果，研究的样本主要来自国际数据，以全球治理指数为基础，其结论对我国政府会计改革和国家治理体系的构建具有一定的启示意义，但制度引入后的适应性和本土化后制度的发挥效果有待考证。

首先，现有的政府会计研究多是基于预算管理需求、债务风险管理、提升财政透明度等视角，然而这些需求视角只是政府会计职能发挥的一部分，并非政府会计职能的整体作用视角。政府会计体系作为经济政治制度的一部分，其改革应当符合国家治理整体体系构建需求，保持与其他制度改革的整体推进，才能协同发挥更大的治理作用。本书从国家治理视角理解并探讨政府会计在各个领域发挥的职能作用，有助于从更加全面、宏观的视角理解政府会计的职能重要性及政府会计体系的各部分构成，为构建符合我国国家治理能力现代化发展的全面的政府会计提供理论依据。

其次，以国家治理为视角的政府会计研究多为理论层面的研究，2015 年起从概念框架的分析构建到政府会计的必要性联动性需求研究，2017 年出现了一些实践应用研究，或者是权责发生制政府会计的体系构建或是试点工作的经验总结，但都缺乏基于国家治理需求的整体政府会计体系构建。后续涌现出一些优秀的会计体系研究如姜宏青、刘用铨等的政府成本会计体系构建，以及张曾莲的政府管理会计体系研究等，这些均为本书所提出的政府“三元”会计体系构建奠定了基础。因此，本书基于国家治理的不同横向子系统分别分析政府预算会计、政府财务会计及政府管理会计的治理职能发挥路径，以国家治理现代化建设为出发点构建三元政府会计体系。

最后，我国现有以国家治理视角进行的政府会计研究的方法多呈现出规范研究、案例研究及问卷调查等，方法较为单薄，相对滞后于西方政府会计研究，甚至是本国的企业会计研究方法。鉴于文章写作的时点，政府会计信息披露指标数据库已更新数年，符合大样本实证研究要求，因此本书试图通过大样本实证分析方法验证政府会计在各治理领域的治理职能发挥程度，丰富该领域的实证研究结论，为完善政府会计体系构建提供经验数据支撑。

在国家治理的大背景下，政府会计作为财政的重要组成部分，被提升至国家治理体系和治理能力现代化的高度，学者和实务工作者均意识到本轮政府会计的改革应以推进国家治理体系和治理能力现代化为目标，充分发挥政府会计的核算、反映、监督和治理职能以实现国家善治。会计是特定环境的产物，会计对于所处环境具有反作用的特征，因而本书旨在理论分析、逻辑推理的基础上呈现国家治理与政府会计的互动机制，阐述国家治理现代化建设中政府会计应有的职能和作用发挥路径，并以我国省级面板数据为样本对目前政府会计职能发挥的实际作用进行检验，通过分析理论与经验结论的差异构建符合国家治理一体化制度建设的政府会计体系。

第3章

政府会计信息的治理效应作用路径分析

“治理”一词相对于“统治”“管理”而言，偏向引导之意，作为治理的一个层级，“国家治理”是将“治理”行为归于“国家”这一特定主体。国家治理是对公共权力配置和运用的制度安排，其治理过程是不同机构分别承担决策、执行和监督控制的职责，并形成相互联系、相互作用和相互依赖的决策系统、执行系统和监督控制系统的过程（戚艳霞和王鑫，2013）。国家治理的现代化转型，是一个价值理念调整优先于治理技术革新的过程。按照党的十八大提出的“五位一体”总体布局，国家治理现代化是涵盖国家行政体系在内的包括政治、经济、社会、文化、生态等子系统治理的现代化，其中，政治治理处于核心地位。尤其是在我国的政体下，政府是国家治理权力的主要承载者与核心执行者，政治治理体系优化与治理能力提升是其他子系统实现现代化治理的基础，是整个国家治理体系中最为重要的子系统。在我国的政体下，这种作用尤为突出，政府是国家治理权力的主要承载者与核心执行者，政治治理体系的优化与治理能力提升是其他子系统实现现代化治理的基础。

政府会计作为财政的重要组成部分，被提升至国家治理体系和治理能力现代化的高度，不仅对政治治理具有最直接的作用机制，更是在经济治理、社会文化治理和生态治理过程中发挥着不可忽视的重要作用，形成政府会计信息发挥治理职能的逻辑框架。

3.1 国家治理概念界定与理论基础

3.1.1 国家治理基本概念

（1）治理的概念。

从文献综述可知，“治理”一词起源于古拉丁文和古希腊语，原意是控制、引导和操纵，现代意义的“治理”由1989年世界银行在《撒哈拉以南的非洲：从危机到可持续发展》（Sub – Saharan Africa：From Crisis to Sustainable Growth）报告中的解除“治理危机”（Crisis in Governance）一词而来。治理理论诞生于20世纪90年代，治理的定义与内涵被广大学者探究和讨论。世界银行从行动的角度界定治理，认为其是利用机构资源和政治权威管理社会问题与实务的实践。联合国发展计划署侧重区别“统治”和“管理”，认为治理是基于法律规则和正义、平等的高效系统的公共管理框架，强调赋权于人民，使其成为整个过程的支配者。全球治理委员会（CGG，1992）对于治理的定义被广泛接受，认为治理是各种公共的或私人的个人和机构管理其共同事务的诸多方式的总和，它是使相互冲突的或不同的利益得以调和并且采取联合行动的持续过程。国内学者毛寿龙教授（1998）指出，政府（govern）是对公共事务进行治理，政府掌舵而不划桨，俞可平（2000）强调，治理过程中无论是官方组织或是民间公共组织运用公共权力维持社会秩序的特性，突破了公共权威只有政府组织可以使用的界限。综上所述，治理强调面向社会问题与公共事务的不限于政府的多元主体，通过正式制度与非正式制度进行协调和持续互动的过程，治理的权力采用自下而上的运行模式，而非传统的单一政府权威和自上而下的运行方式。治理是政治国家与社会、非政府组织、公共与私人机构等合作与协和，在双向沟通和互动的过程中实现社会公共事务秩序化的过程，治理机制愈来愈多地被用以解决市场和国家协调的失败。

（2）国家治理的概念及衡量。

国家治理是现代国家所特有的一个概念，它是在扬弃国家统治与国家管理两个概念基础上吸收了治理和善治理论与公司治理理论的合理内容提出的一个新概念。所谓国家治理，是主权国家的执政者及其国家机关（包括立法、行政和司法等机关）为了实现社会发展目标，通过一定的体制设置和制度安排，协同经济组织、政治组织、社会团体和公民一起，共同管理社会公共事务、推动经济和社会其他领域发展的过程。国家治理旨在集政府、市场和社会多种力量重塑国家行为，寻找解决国家和市场中出现的问题的新方法（Jessop，2002）。它是多层管理主体共同管理社会公共事务、处理社会冲突、协调不同利益的一系列制度、体制、规则、程序和方式的总和。国家治理是国家政权的所有者、管理者和利益相关者等多元行动者在一个国家的范围内对社会公共事务的合作管理，其目的是增进公共利益维护公共秩序。国家治理体系的构建是在我国历史传承、文化传统和经济社会发展的基础上长期发展、渐进改进、内生化演进的结果（胡鞍钢，2014），国家治理是一个结构性动态均衡调试的过程（徐湘林，2014），各机关间权力相互依赖，各治理体系间相互依存。如何构建合理的网络化合作治理体系，发挥治理能力解决市场和公众问题是国家治理目标实现的关键。

关于国家治理的量化研究，以世界银行的治理指数（WGI）为主要标准，世界银行将一国的治理指数分为话语权和问责权、政府有效性、政治稳定性、规制质量、法治指标和反腐败六个维度来衡量。我国华东政法大学政治研究院于 2015 年起提出了国家治理指数（NGI），评估范围涵盖 192 国。NGI 由基础、价值、持续三个指标体系构成，其中，“基础性指标”包含设施、秩序、服务三个二级指标，“价值性指标”包含公开、公平、公正三个二级指标，“持续性指标”包括效率、环保、创新三个二级指标。NGI体现治理的阶梯性，其隐含理论是一国的国家治理应像梯子一样呈阶梯式增进。与之相关的指数研究还包括国家参与全球治理指数（States' Participation Index of Global Governance，SPIGG）和G20国家治理指数等，对于指标体系的建立和指数排名的数据积累有助于分析我国国家治理各体系能力的建设及发展情况，便于从多角度提升我国国家治理能力。本书根据《中共中央关于全面深化改革若干重大问题的决定》（以下简称《决定》）和《中国国民经济和社会发展第十三个五年规划纲要》等报告，按照治理对象将国家治理体系分为政治治理、经济治理、社会治理、文化治理和生态治理五个体系。

3.1.2 国家治理体系设置

根据《决定》和《中国国民经济和社会发展第十三个五年规划纲要》等报告，按照治理对象将国家治理体系分为政治治理、经济治理、社会治理、文化治理和生态治理五个体系。下面将分别论述各治理子系统的概念及衡量。

（1）政治治理。

政府是人类社会发展到一定阶段的产物，它是社会中人与人契约关系最集中的体现（洛克，1993），政府与各利益相关者之间存在多重契约关系，利益相关者通过各种渠道获取信息，评价并约束政府偏离公共利益最大化的行为，最终实现保障契约履行的目标。政治治理是实现其他子系统现代化治理的基础，其成败直接关乎国家善治的实现与否，是国家治理体系中最为重要的子系统。我国学者对政治治理界定为政治治理公共事务的道理、方法和逻辑等，是运用公共权力的方式（张立民和赵彩霞，2009），抑或是解决公共问题时进行沟通、协商、互动的一种过程，也是交换信息、获得信息和提供信息的过程（霍春龙，2013）。笔者认为，政治治理是对公共权力运行的治理，是治理政府在遵循制度的安排下向社会公众提供公共产品和公共服务的手段与过程，政治治理旨在实现治理手段科学、权力运行规范和受托责任高效履行，其本质是政府与公民等多元主体对公共事务的合作管理，是政治国家与社会的一种新颖的关系。

（2）经济治理。

经济治理是政府、社会组织和公民个人等社会主体，通过一定形式的组织和制度安排，平等、共同地处理公共经济事务的过程，其本质是多元化的社会主体以平等、联合的方式，共同应对公共经济风险。经济治理旨在稳定的法律制度框架下妥善处理公共经济事务、有效化解公共经济风险以达到"善治"目标，遵循平等、互动、参与、民主的特点，在多元主体权利、责任、义务交互存在的前提下，联合采取沟通、交流、协调、执行、监督等一系列行动实现经济持续健康稳定发展。

经济治理的逻辑基础是公共经济风险，立足于"公共"本质，以众人之力，治众人之事，在市场体制下，只有市场化解不了的经济风险，才是经济治理的作用范围。公共经济风险无法由单个市场主体防范与化解，必须通过多主体的联合治理加以解决。如果个体经济风险普遍累积或连锁反应到一定程度，宏观经济均衡遭到破坏、经济运行不稳定、可持续性变差，个体经济风险就很有可能转化为公共经济风险。公共经济风险无法由单个市场主体防范与化解，必须通过多元主体的共同治理才得以解决，防止个体经济风险向公共经济风险转化，把个体经济风险控制在合理限度之内，是经济治理的逻辑基础，也是经济治理的出发点和落脚点。对公共经济风险程度的感知，很大程度上来自社会成员的集体意识，应培养社会公众的权责发生意识，对预计负债和潜在债务引起的未来风险作好应对的准备。由于经济治理吸收了社会各方参与，因此治理成效自然也会被大多数社会主体所接受。

根据理论与实践的探索，经济治理体系可以被理解为政府与市场对经济主体进行调节的制度体系，而经济治理能力则可以被界定为政府与市场对经济主体进行调节的能力。因此，在建立、完善和发展中国特色社会主义制度的过程中，经济治理体系和治理能力的现代化应该充分发挥政府与市场的作用，而经济治理体系和治理能力现代化也是以用现代化的理念和方法来处理好政府与市场之间的关系。国内外学术界关于政府与市场之间关系的讨论经久不息，以经济治理的名义，对政府与市场之间关系讨论较多的理论包括社会主义市场经济理论、发展型国家理论、华盛顿共识和后华盛顿共识、公共选择学派和新制度经济学。从社会主义市场经济体制的建立到完善，社会主义市场经济理论的探索者们逐渐认识到，政府既要尊重经济规律、市场规律和价值规律，又要发挥自身的调节作用，使市场在国家宏观调控下对资源配置起基础性作用乃至决定性作用。

（3）社会治理。

社会治理理论是西方治理理论重要的组成部分，具体是指政府、社会组织、企业、社区及社会公民等多种主体通过平等的合作、对话、协商、沟通等方式，依法对社会事务、社会组织和社会生活进行引导和规范，解决社会公众问题，最终实现公共利益最大化的过程。社会治理作为国家治理体系中的一部分，与经济、政治、文化、生态文明和党的建设等各领域体制机制、法律法规等共同构成国家治理体系，是实现国家“善治”的重要内容。社会治理的内涵价值取向应定位为“公民本位”“社会本位”“权益本位”，而不是旧时代的“官本位”“政府本位”理念，价值取向定位准确才能正确发挥社会治理职能。

在我国社会治理是由执政党领导，政府组织和主导负责，吸纳社会组织和公民等多方面治理主体参与，对社会公共事务进行的治理活动。社会治理现实活动主要包括三种，即政府对于社会的治理、政府与社会组织和公民的合作共同治理及社会自治，社会治理旨在维护保障公民社会权利，完善社会福利，改善社会民生，化解社会矛盾，通过改进社会治理方式，激发社会组织活力，健全公共安全体系，实现有效预防和化解社会矛盾。社会治理制度体系的目标是在维护社会稳定与充满活力的社会之间寻求动态平衡，两者必须协同推进。政府对于社会公共事务的治理，是政府工作的重要内容，政府与社会组织和公民的合作共治、社会自治，也是与政治治理社会紧密相关的内容，需要政府在改革的过程中，“正确处理政府和社会关系，推进社会组织明确权责、依法自治、发挥作用”①。政府对于社会的治理和政府自身治理起到对社会组织和公民的领导和引导。社会治理是全社会共同参与的治理，一定要调动每个公民的积极性，形成社会治理人人参与、和谐社会人人共享的良好局面。

（4）文化治理。

文化治理是指国家通过制度安排，利用和借助文化的功能以疏导、宣泄、沟通社会公共问题，克服与解决国家发展中的问题，着力于满足社会大众的文化需求，维护和发展文化权利。文化治理是国家治理的重要形态，是社会形态的进步，适应政治文明的民主化特质，成为人民表达民主诉求的机制。人类创造和生产文化是为了有效克服和解决人与社会之间出现的问题，具有社会治理功能。当文化的这一本质功能发展到现代社会，文化产业即具有了国家文化治理功能和手段。文化权利是人类的一项与经济权利、社会权利并列的基本权利，文化权利的实现与否，在某种意义上标志着一个国家、社会的发展进步与文明程度，是国家文化战略人民性的直接体现。文化的发展是人性全面自由发展的重要内容，“文化上的每一个进步，都是迈向自由的一步”②。

发展文化产业最重要的治理需求是服务于经济、文化社会和民生。以市场方式实现政治、经济、社会和文化的价值转化是文化治理的宗旨。

---

① 中共中央关于全面深化改革若干重大问题的决定［J］. 学理论，2014，679（1）：1－10.

② 马克思恩格斯文集（第9卷）［M］. 北京：人民出版社，2009：120.

改善和重塑国家治理模式就是要实现国家善治。广义的公共文化既应着眼于民众个体应享有的文化权益保障，也应当服务于国家作为一个整体应该具有的文化礼仪。公共文化服务的有序推进直接带来居民文明素养的提升，文化治理是文明养成的有效途径。

（5）生态治理。

生态治理是政府、社会组织和公民个人等社会主体，为促进发展绿色经济和生态文明建设而综合运用的经济、法律、制度的过程。环境问题错综复杂，它反映的是人与人、人与自然、经济利益和环境利益的矛盾冲突，如何合理高效利用资源、有效改善生态环境，已不仅仅是环境问题，而且是民生问题、发展大计。生态环境是人类生存的物质基础，也是经济系统运行的基础，生态环境问题是由于人类长期的生产活动等社会经济行为所引起的生态环境破坏而反作用于人类社会经济生活的不良影响，严重时将危及人类的生存保障。因此，生态文明的崛起是一场涉及生产方式、生活方式和价值观念的世界性革命，是不可逆转的世界潮流。在政府主导下，生态文明是人类社会继原始文明、农业文明、工业文明后进行的一次新选择。

生态治理方面的多元主体特征体现尤为突出，各主体的作用对于治理目标的实现都具有不可忽略的重要影响。当生态环境等自然资源成为一种公共资源，良好的生态环境即是一项社会资产，公共资产的公共性和外部性特质都适用公共资源，由于受益边界的模糊性，公众监督的责任也变得淡漠，没有个体主动追求生态破坏者的责任。公众的问责是一种监督责任，这种监督责任的分散一方面是利益的分散，另一方面也是权力的分散，因此权力的集中需要政府完成。生态环境与生态治理所具有的外部性和公共性是无法通过市场机制来解决的。企业在经纪人假设驱动下不会主动担负环境成本，在合理制度引导下应将环境成本内部化，引导在追求经济发展的同时推进科技进步，减少经济发展的生态破坏程度。随着我国经济快速发展和民主法治社会的建设与完善，公民社会意识不断发展，我国公民的维权意识越来越强，基于利益表达和基于价值追求的群体性事件迅速增多，全社会的生态治理协同机制是建设生态文明的关键。居民的观念、意识、素质及自觉性、积极性、组织性，在一定条件下是国家生态治理的决定性力量。

3.2 政府会计概念界定与理论基础

3.2.1 政府会计基本概念

政府会计的国际通用术语还包括“公共部门会计”和“公共会计”，一些国际组织对政府会计定义做出了明确规定。国际会计准则委员会（IASC）规定政府会计为用于确认、计量、记录和报告政府与政府单位财务收支活动及其受托责任的履行情况的会计体系。法国的《财政法组织法》将政府会计表述为：记录行政部门（国家、地方政府和行政事业单位）的账目，旨在了解和控制预算和资金流动的步骤、财产状况、成本和年终结果。德国将政府会计视作预算体系的副产物，它被用于记录拨款的用途，其目标是监督预算的执行，向议会报告财政收支合法性。英国的资源会计与预算（resource accounting and budgeting，RAB）是以权责发生制为基础进行政府预算编制、执行的会计处理和财务报告的编制，旨在全面管理政府的预算支出，充分实现预算目标，主要为政府预算管理服务的会计体系。

我国从法律法规到准则规则中均没有对政府会计的明确规定，只能在有关规定中找到一些相关组成要素的界定。例如，《政府会计准则——基本准则》（以下简称《基本准则》）中指出，与本级政府财政部门直接或者间接发生预算拨款关系的国家机关、政党组织、社会团体、事业单位和其他单位执行本准则，其中不包括执行企业财务管理体系和采用

《民间非营利组织会计制度》的社会团体，这明确了政府会计的主体；《基本准则》第三条明确“政府会计由预算会计和财务会计构成”，即目前我国政府会计体系中至少应包含预算会计和财务会计。我国学术界对政府会计理论的探讨集中在对政府服务成本和财务状况信息的强调上，认为政府会计应是全面反映政府经济资源和业务活动全貌的信息体系（刘玉廷，2002），提供政府服务成本和财务状况（陈穗红，2004；王雍君，2004）。本书认为，政府会计是对公共部门的财政交易或事项进行记录与计量，最终以财务信息报告的形式全面反映经济资源、财务状况及活动业绩等信息的信息系统，旨在解除公共部门受托责任、加强财政财务管理和监督、实施正确的财政政策和宏观调控。

关于政府会计应实现的目标，以詹姆斯·陈教授提出的三层次目标最为流行：(1) 基本目标，针对美国19世纪90年代至20世纪20年代的政府会计体系改革提出，认为政府会计应检查、防范舞弊贪污行为，保持公共资金的安全完整。该目标主要依靠预算会计体系、加强预算控制辅以内部控制制度来实现。(2) 中级目标，是促进健全的财务管理，关注业绩受托责任和项目受托责任，将所有的政府活动纳入预算或计划，所有的活动执行都应反映在财务会计系统中。该目标针对美国20世纪30年代经济大萧条时期提出将政府会计作为有效提高公共资源使用效率的手段，需要政府财务会计和反映政府运行效率、效益的政府管理会计系统实现。(3) 最高目标，是反映并解除受托责任，强调政府对外部公众的受托责任。该目标针对新公共管理运动兴起的时代，实现该目标的核心方式是编制政府层面财务报告，需要政府财务会计系统支持信息的输出。由此可见，政府会计只有同时满足了这三层目标，才能满足有效政府的信息需求，降低政府行政成本，提高政府运行效率。

3.2.2　政府会计体系构成分析

作为政治治理的一种工具，政府会计受一个国家政治权利分配及经济资源配置的方式影响。为实现政府会计三个层次的目标，政府会计中，预算会计、财务会计和管理会计是紧密联系并融为一体的。根据政府会计的概念及政府会计目标，本书认为，为实现政府会计三个层次的目标，完整的政府会计体系应包含以满足财政预算需求的政府预算会计、以权责发生制为计量基础的政府财务会计和以成本绩效等管理为主的政府管理会计，形成“预算会计—财务会计—管理会计”三位一体的政府会计体系，才能符合国家治理现代化需求。

（1）政府预算会计。

预算（budget）英文直译为“事先计算”，原指对资金的取得和使用的事先安排和计划。国家财政资金的数额庞大及其来源的强制性和法定性要求政府机构对于财政资金的使用和安排进行事前的计划并以具有法律约束力的预算报告形式公布于众，接受公众及其他利益相关者的监督。政府预算会计是预算系统的信息载体，因此提供科学系统的、符合信息使用者需求的预算信息是政府预算会计的本质属性。在西方，预算会计特指“追踪预算拨款使用的会计”，是政府会计中用于追踪预算资金支出周期各阶段交易的部分，是政府会计的一个组成部分。而我国自1998年起实行以预算资金管控为主线的预算体系之后，预算会计制度并没有实质性变化。我国的预算会计可以说是政府会计的主体甚至是全部，是通过对预算与预算收支执行情况进行确认、记录、计量和报告来反映和监督政府及行政事业单位的各项财政资金收支活动为主要职能的专业会计，目的在于加强预算管理和控制，通过追踪拨款与付款信息，提供管理者和决策者（包括上级政府）所需要的有关预算执行情况的信息，并不涉及反映政府经济资源、财务状况和运营绩效等的内容。

无论是基于国家预算体系的重要性还是对政府会计体系的三层次目标实现的必要性而言，预算会计都是政府会计甚至是政治治理体系中至关重要的制度体系，政府预算会计的收付实现制核算方法对于预算执行过程的记录和监督作用是其他任何信息系统无法取代的，在强调权责发生制政府综合财务报告改革重要性的同时，不能忽视政府预算会计在治理体系中的重要作用。然而，我们的确理性地认识到，仅有监督控制单位预算从授权、调整、实际执行及决算全过程的预算资源流量信息无法完全有效地反映政府预算资金的使用效率和效果，无法全面评价和考核政府提供公共产品或公共服务的成本信息，无法准确反映政府管理公共资源及应对风险的能力，即目前我国的政府会计体系无法实现政府会计的第二、第三层目标，且仅能部分保证第一层目标的实现，完善政府会计体系以全面发挥政府会计职能工作亟待解决。

（2）政府财务会计。

政府财务会计体系的建立是新公共管理运动蓬勃发展的直接产物，在政府会计体系中加入财务会计系统不是改革的本质，其本质是政府受托责任的观念改革，权责发生制计量基础的引用使得政府会计信息从现金的流转变化至“权利”的实现。政府财务会计与预算会计的本质区别在于计量基础的选择——权责发生制与收付实现制。由于各国对权责发生制的应用程度和应用范围的不同，各国对政府财务会计的称呼及政府会计信息含量也各不相同。我国《基本准则》在第一章总则的第三条中指出，“政府会计由预算会计和财务会计构成”，并规定，“除另有规定外，预算会计实行收付实现制，财务会计实行权责发生制”。在第六章第五十九条中规定，财务会计是指“以权责发生制为基础对政府会计主体发生的各项经济业务或者事项进行会计核算，主要反映和监督政府会计主体财务状况、运行情况和现金流量等的会计”①。

在政府会计权责发生制改革进程中，权责发生制的使用程度对多项资产和负债如基础设施、国防资产、文化遗产类资产、社会保险负债和税收收入，以及财政转移支付等的计量产生了重大影响。配比原则是权责发生制的核心使用，解决了期间费用的确认问题，为公共部门的绩效考评工作提供了数据基础，这也是新公共管理运动对公共部门会计推动

① 财政部公布《政府会计准则——基本准则》［EB/OL］. 中国政府网，2015－11－02.

的核心内容所在。陈立齐教授依据权责发生制的应用程度，将国际上政府会计改革模式分为修正收付实现制（丹麦、法国和波兰等）、修正权责发生制（加拿大、意大利和冰岛等）及完全的权责发生制（澳大利亚、芬兰、新西兰、美国和英国等）等三种模式，未经改革前的政府会计模式即为完全的收付实现制。由弱到强的顺序，修正的收付实现制仅应用在年末短时间内导致现金收入或支出的交易或事项，反映在财务报表上即某些应收款项和应付款项，财务报表中不能完全反映政府真实的财务状况，也无法获取评价业绩所需的相关成本信息；在修正的权责发生制基础上，会计确认的重点是当期的总财务资源，金融资产和负债均以权责发生制基础进行核算，然而不确认实物资产使得成本分配工作无法进行，对于评价部门业绩而言，信息存在缺失；完全的权责发生制对于实物资产进行资本化处理并计提折旧，对债务的确认融入分期概念，有利于国家资产和债务的管理，且能够提供展开成本绩效管理的基础数据。西方国家在进行政府权责发生制会计改革的过程中，英国政府的资源会计与预算（resource accounting and budgeting，RAB）独树一帜，不仅以权责发生制为基础编制政府预算并进行会计处理，更是将部门目标与支出结合进行分析，强调政府部门的产出而不是投入，以便正确衡量政府公共事务的产出与成本，提高财政资源使用效率。

由此得出，政府财务会计扩充了对外受托责任与决策有用的会计信息，权责发生制的应用可以反映政府使用公共资源的合理性、效益性等财务状况信息，且将成本概念和绩效概念引入政府部门，为进一步展开成本效益分析和部门业绩考评工作提供基础数据，是国家治理体系重要的组成部分。会计是特定经济社会环境的产物，财务会计的财务性和历史性天然属性决定了政府财务会计的天然局限性，要发挥政府会计实现三层目标以达到国家治理“善治”目标，必须与预算会计和管理会计共同使用。

（3）政府管理会计。

政府管理会计概念最早由美国学者罗布森（1953）提出，埃尔斯沃思博士（1967）研究指出，在能够及时、真实地提供成本和其他有用的财务信息会计系统中，管理会计是相对有效的，在政府会计的三层目标中，政府管理会计的主要目标是实现以绩效为导向的受托责任，为中高级两层目标提供信息支持（路军伟，2007）。

我国学界对于政府会计体系的构建主要争议点在于除预算、财务之外的第三元应为成本会计与否。张国生（2005）认为政府会计需要一个管理或成本会计体系，以降低服务成本，提高运营效率和效益。笔者提出以财务会计、成本管理会计、预算会计和基金会计为一体的政府会计体系。王雍君（2017）认为我国应建立包含预算会计、财务会计和成本会计的政府会计体系。王丽洁等（2007）基于绩效管理视角提出政府会计体系的内容包括预算会计、财务会计、管理会计和成本会计四个子系统，并以财务会计为主干。陆阳春（2013）从会计职能角度出发，构建包含预算、财务和成本会计三元的政府会计体系，并指出三者因其职能发挥的不同在该体系中同样重要，胡景涛（2011）从绩效管理的角度论述政府建立预算、财务和管理会计的会计体系。以上可以看出，焦点之一在于成本会计的位置，是单独成立一个系统还是置于财务会计或管理会计之下，以及是否存在独立的管理会计体系。政府管理会计是政府财务会计逻辑上的延伸（王光远，2004），二者可以有效地使用同一数据，同一计量基础，而预算会计是管理会计的特殊分支，二者的会计对象相同，都是单位资金活动和经费收支情况，三种会计系统形成适当分离又相互补充的关系，为信息使用者提供信息且满足管理的需要（刘永泽，2014）。因此，本书认为，应建立独立的政府管理会计系统，与预算、财务并立构建三位一体的政府会计体系。

政府管理会计从事管理决策和反映成本绩效等较高层次管理活动，其目标在于实现政府会计的中级和高级目标（路军伟，2007），旨在增加价值和改善组织运营效率，其职能体现在为受托人的正确决策提供综合、及时和相关的信息，具体包括为内部管理提供财务数据和非财务数据。

根据张曾莲（2011）的研究，政府管理会计的职能包括预算、决策、控制、评价和报告等。管理是促进作业活动实现政府目的的手段和保证。管理会计主要为内部管理者提供管理所需的信息，这种信息是管理会计通过一系列专门方法，如按照成本习性对成本分类、成本预测等，利用财务会计、统计及其他相关知识进行整理、计划、对比分析，使得政府管理者能够对各部门和整个政府日常和预期的经济活动及其发出的信息进行规划、控制、评价和考核。

自1997年财政部颁布了“一则三制”起，我国便逐渐形成了长达近20年的以预算会计为主的政府会计体系。然而，现行的预算会计体系的滞后性和不适应性逐渐与社会和经济发展格格不入。由此，党的十八届三中全会提出了“建立权责发生制的政府综合财务报告制度”，并在此基础上确立了“二元”的政府预算会计和财务会计在功能上适度分离又相互衔接的政府会计体系，为我国政府会计体系的新篇章拉开序幕。一个组织拥有了预算会计和财务会计也并不是完整的会计体系，完整的会计体系还至少应包含管理组织内部所需的管理会计，更为宏观的会计体系还应包含审计和监督机制。因此，我们将政府会计定义为确认、计量、记录和报告行政部门财务收支活动的系统，旨在反映行政部门的公共受托责任及为信息使用者提供决策有用的财务信息。按照政府会计的职能分类，本书将政府会计分为政府预算会计、政府财务会计及政府管理会计体系，其具体基本概念的差异分析如表3-1所示。

表3-1　政府预算会计、财务会计与管理会计基本概念差异

	预算会计	财务会计	管理会计
会计目标	对内受托责任观	对外受托责任观 决策有用观	对内、对外受托责任观 决策有用观
核算基础	收付实现制	权责发生制	权责发生制 收付实现制
会计要素	收入支出为主 资产负债净资产为辅	资产、负债、净资产 收入、费用	财务状况、运行情况 成本、绩效等

续表

	预算会计	财务会计	管理会计
会计信息	流量信息为主 兼有少量存量信息	流量信息、存量信息并重	流量信息、存量信息并重
核算期间	单个财政年度	单个及多个会计年度	单个及多个会计年度
会计报告	财政总预算报告 部门预算报告	政府综合财务报告 政府部门财务报告	成本报告、绩效报告、 项目管理报告、 债务风险报告
报告主体	预算主体	财务主体（包括非预算主体）	财务主体（包括非预算主体）

国家治理体系的构建需要从宏观层面和顶层设计视角来确立我国当前及未来一段时间的具有启示性和针对性的治理目标，最终实现善治目标。国家治理作为一个庞大且复杂的综合系统工程，各系统自下而上的协同与均衡是科学高效运作的关键。即使是近乎原始的会计也是作为一种管理活动存在的（王世定，1993），会计作为组织管理活动的重要组成部分，是实现组织目标不可或缺的工具，对于实现资源合理配置、规范政府与市场运作机制作用显著。政府会计的职能发挥既涉及政府、市场、组织等，又与一国公民社会培养与发展紧密相连，是实现国家治理宏观设计与中观、微观联动机制的关键治理因素和制度，对于一国善治实现影响深远。在其后的阐述中，将依据国家治理体系的划分分别论述各治理体系对政府会计提出的需求，以及政府会计的职能发挥对国家治理的支持和匹配作用机制。

3.2.3　政府会计信息衡量

政府会计作为人造信息系统，其信息的产生与流转贯穿整个财务过程，为衡量政府会计系统的信息含量，应以世界银行对一国财政透明度的评价体系设计为参考，衡量政府会计体系各环节的信息含量形成评分体系。然而该工作量非个人能力所及，加上政府会计研究普遍面临的信息公开“痼疾”问题，普通学者只能以会计信息系统的最终信息产物——报告为衡量会计系统信息含量的依据。由此，政府预算会计信息的衡量方式即以政府预、决算报告的信息内容为依据的评价。目前，对政府财务会计信息的衡量国际上普遍采用“是否存在权责发生制计量基础的政府会计”或者“是否进行政府权责发生制会计改革”（孙琳，2017；戚艳霞，2017；张曾莲，2016）等方式，政府管理会计的信息衡量也是简化为“是否存在管理会计体系”或是管理会计体系的信息是否存在替代衡量。我国对政府财务会计的信息衡量目前处于理论探讨阶段，政府管理会计信息的衡量亦然。

（1）国际经验研究的变量选取。

关于政府会计的计量，国际经验研究以是否经历权责发生制改革（孙琳，2017；戚艳霞，2017；张曾莲，2016）、是否存在管理会计体系及政府会计信息披露等方式进行衡量，美国的政府会计体系研究以不同州和地方政府会计的体系设置完善度进行衡量，然而我国政府会计体系统一由财政部发布的《政府会计准则》及其他规范、规则进行规范，不同于美国的地方自治制度，因此以各省政府会计体系设置差异进行衡量显然是不符合本国国情的。

（2）我国经验研究的变量选取。

由于政府会计系统的最终产物是会计报告及相关财务信息，政府会计信息的披露水平反映了政府会计体系的设置完善程度，且从已有研究来看，国内外学者多以财政透明度来衡量政府的财务信息公开度（David，2003；程晓佳，2004；刘子怡、陈志斌，2014，2016；李敬涛，2016 等）。据此，本书采用财政透明度来衡量政府会计信息的披露。

（3）本书政府会计信息的变量选取。

财政活动是一个过程，从财政过程角度来看，一个完整的财政信息系统应覆盖财政活动的全过程，具体而言应包括预算编制、预算审批、预算执行及决算阶段的信息。与国际财政透明度指标不同的是，国际财

政透明度指标测算的是财政活动的全过程信息透明度，测算指标涵盖财政活动四个环节的多项应公开的文件及数据。而我国上海财经大学“财政透明度”课题组（以下简称“上财课题组”）设计的“财政透明度”指数的度量只涉及财政活动的决算环节，即以财政决算的信息披露情况相关数据及信息为依据进行测算的指标，而决算信息需以政府会计信息为基础，接下来将详细分解政府会计信息与上财课题组“财政透明度”指标的关系。

从管理和监督的角度来看，决算是事后结果，是预算从编制阶段到审批和执行结果的总体反映，因此上财课题组出版的《中国财政透明度》报告主要涉及各级政府决算阶段的信息调查和透明度评估，并未涉及财政活动的其他环节信息透明度调查及评价。也正因为如此，选取上财课题组的财政透明度指标衡量政府会计体系更接近于政府会计本质。上财课题组设置的财政透明度指标由九个二级指标构成，分别为一般公共预算基金、政府性基金、财政专户管理资金、国有资本经营预算基金、政府资产负债、部门预算、社会保险基金、国有企业基金及被调查者态度等①，各二级指标调查项目和赋值比重如表3－2所示。

表3－2　　财政透明度信息要素组成及权重

信息要素	权重（%）	调查项数
一般公共预算基金	25	28
政府性基金	8	27
财政专户管理资金	4	27
国有资本经营预算基金	2	27
政府资产负债	9	7
部门预算及相关信息	15	26
社会保险基金	19	14
国有企业基金	15	8
被调查者态度	3	1
合计	100	165

① 财政透明度的二级指标调查项目详细信息见本书附录。

从表3-2可知，除了被调查者态度这一项指标（在指标设置比重上占3%），其余六项指标合计近97%的比重信息来源均由政府会计体系提供。其中，一般公共预算基金（得分占比25%）、政府性基金（8%）、财政专户管理资金（4%）、国有资本经营预算基金（2%）主要由政府预算会计提供相关信息；政府资产负债（9%）、国有企业基金（15%）主要由政府财务会计提供信息；而部门预算（15%）、社会保险基金（19%）统计的信息则需要政府预算会计、财务会计和管理会计共同提供，如表3-3所示。根据上财课题组的调查结果显示，财政专户管理资金和政府资产负债得分是近年来较低的两项，对应现存政府会计体系分析不难发现，各地区二者调查项目得分偏低是由政府会计体系缺失导致无法有效提供被调查信息所致。

表3-3　政府会计信息与财政透明度的关系

财政透明度信息要素	政府会计信息来源
一般公共预算基金	政府预算会计信息
政府性基金	政府预算会计信息
财政专户管理资金	政府预算会计信息
国有资本经营预算基金	政府预算会计信息
政府资产负债	政府财务会计信息
部门预算及相关信息	政府预算、财务、管理会计信息
社会保险基金	政府预算、财务、管理会计信息
国有企业基金	政府财务会计信息
被调查者态度	—

3.3　政府会计信息的国家治理效应路径理论分析

国家治理体系是一个以目标体系为追求、以制度体系为支撑、以价值体系为基础的结构性功能系统，而政府会计体系则是耦合“善治”治理目标、追求可持续发展与民生民权改善目标的政府行政系统的重要制度组成部分，其职能作用及影响机制覆盖公务员系统、市场和企业、公民及组织、地方和基层等各制度体系，是国家治理体系建设的重要组成部分。按照治理对象的不同，参照《决定》，本章节将从各治理领域来分别论述政府会计信息发挥治理职能的作用路径，由于治理对象主要以政治、市场和社会划分，生态治理目标的主要实现途径为绿色经济发展，因此将生态治理作为经济治理的一部分内容进行讨论，具体如图 3－1 所示。

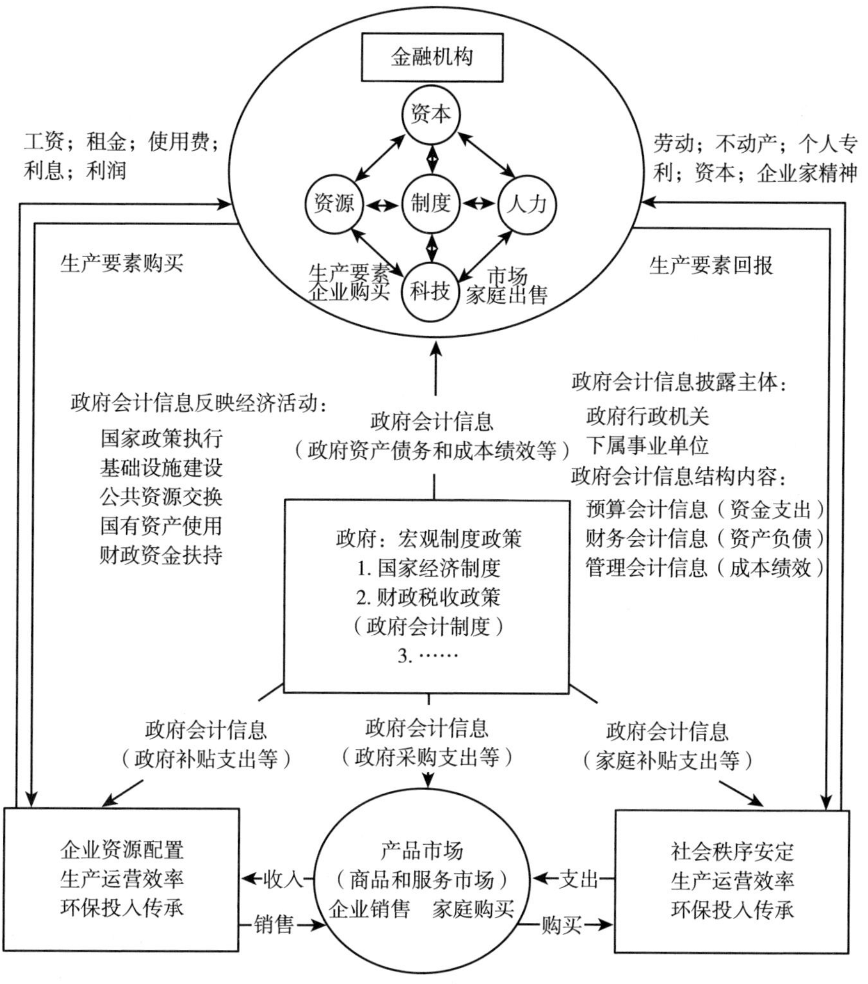

图 3－1　政府会计信息发挥国家治理职能作用路径分析

3.3.1 政府会计信息的政治治理理论分析

基于公共行政或公共政策学理论，政治治理的核心问题在于如何设计与构建作为治理主体的公共权力或者社会组织体自身的内在结构，而不是治理主体针对对象如何发起治理行为从而达成治理目标；政治治理的焦点是治理主体本身，而不是治理对象。政府会计因其反映经济活动的天然属性，是政治治理体系中至关重要的信息系统，也是特殊的权力治理机制，政治治理水平的提高和治理能力现代化的建设离不开政府会计各组成部分发挥的职能。据此，本书将针对政治治理对政府会计的预算、财务与管理等各子系统的需求分别进行理论分析。

（1）政府预算会计的政治治理理论分析。

政治治理对政府预算会计的需求主要产生于公共受托责任理论、信息经济学理论及财政透明度等理论依据。政府职能的发挥需要运用公共权力，消耗公共资源，而公共权力是政府持有的一种稀缺资源，绝对的权力导致绝对腐败，没有了监督机制的权力极易走向腐败。政府公职人员本身也受“经济人”假设约束和有限理性的制约，缺失监督的权力使用将引致权力的滥用和腐败的发生。因此，政府必须将使用公共权力的相关信息公开，以便外部信息使用者监督，防止权力滥用和腐败。信息公开是制约权力的基础，让公众监督权力，让权力在阳光下运行，是把权力关进制度牢笼的根本之策。政府会计作为反映政府经济活动的信息系统，属于特殊的政府权力控制机制（FASAB，2004），有效的政府会计是廉洁政治治理的基础（陈志斌，2013），会计这一经济信息系统本质天然具有监督经济活动的职能，为科学评判政府行政的廉洁性提供依据。因此，政府预算会计信息客观、公正地披露公共资源的使用情况可以在一定程度上改善信息不对称的局面，以公共资源的消耗为主线反映政府公共权力的使用情况，达到监督公共权力的作用，制约权力的滥用，降低权力异化及政府机会主义行径的出现。

政府执行公共权力时消耗的是公共资源，对社会公众负有公共受托责任，解除公共受托责任的途径便是受托方（即政府组织）披露相关公共受托责任履行信息。信息是落实受托责任的基础，信息的缺失将导致民主政治的崩塌、社会稳定的瓦解，没有信息的公开，社会公民的有效制约无法发挥作用。在政治市场上，政府在被赋予委托人资源管理支配权的同时，还被赋予了公共权威，导致了政府强代理与社会公众的弱委托之间的不对等关系，降低了公众对公共权力运行状况的话语权，从而造成政府各部门间、各层级间、与社会公众间严重的信息不对称。货币量化的财务信息与其他信息相比更具可靠性、客观性、及时性和系统性等优势，有助于利益相关者及时掌握政府行为及经济后果。政治治理需要政府预算会计对外披露政府使用公共资源的情况，帮助政府解除公共受托责任，有助于社会公民发挥有效制约责任。

根据信息经济学在政治领域的应用，提高财政透明度有助于民主建设，有助于有效监督政府行为。意识到信息透明对政治治理的重要意义后，《决定》指出为实现“科学的宏观调控，有效的政治治理”，应建设法治政府、高效政府、阳光政府、廉洁政府、服务型政府等。阳光政府体现在财政预算方面即财政透明度的提高，政府通过公开透明的财政、财务信息使公众了解政府的工作效率和效果，接受社会和公民的监督和评价，以解除公共受托责任，提升政府的公信力，并帮助利益相关者进行决策。财政透明度的提升与政府会计系统的技术支撑密不可分，鉴于我国政府财政透明度的衡量相较于国际“财政透明度”指标测算而言，更聚焦于决算环节的信息披露，因此财政透明度的提升更依赖于政府会计系统的基础信息支撑，我国财政透明度的提升依赖于政府会计体系的程度更深。

因此，政治治理对政府预算会计的需求即通过科学系统地计量和披露公共资源的消耗和使用情况，将政府的阶段性公共受托责任履行情况公布于众，提高政府的财政透明度，接受社会公众和利益相关者的监管，约束公职人员的机会主义行为和逆向选择行为，减小腐败行为发生的可能性，使政府公职人员行为与公共利益最大化目标偏差减小，以实现最优化资源配置，最终实现“善治”。

（2）政府财务会计的政治治理理论分析。

政治治理对政府财务会计的需求主要基于公共受托责任、交易费用理论、财政债务危机治理、新公共治理等理论基础。公共部门的受托责任是政府会计产生的理论基础，解除公共受托责任的有效途径是受托方披露相关公共受托责任履行情况的信息。对外会计产生的根本原因即资源的委托方对受托方进行委托而产生的受托责任，再经过系统科学的计量和披露方法提供受托责任履行情况相关信息。在科斯的交易费用理论中，信息被视作一种生产要素，对经济行为产生重大影响，无论哪类政府政策决策，足够的信息获取对于项目的实施都将起决定性作用，因此政府官员需要更加贴近经济实质的财务信息以避免公共政策的失常或项目的失灵。政府官员本身是政府会计信息的使用者，也是政府会计体系的监督者，政府财务会计提供的资产负债等信息是信息使用者评判政府公职人员工作效率和效益的依据。随着社会环境和市场经济的不断发展，信息需求在不断发生变化，对于政府工作效率、节约公共资源、更低成本和更高效服务的信息需求逐渐增加。以权责发生制为计量基础的政府财务会计能够更加全面、系统地反映政府支出、项目完成情况、资金使用情况等，因此，从政治治理角度而言对政府财务会计的信息需求日趋凸显。

自新公共管理活动起，全球公民的民主意识不断提高，对管理公共资源的个人或组织负有的公共受托责任需求愈加明显，要求确保受托责任程序正当且有效的需求也越来越高。新公共治理是西方学者依托公共行政管理产生的新的治理理论，与新公共管理理论一脉相承，主张在国家日益多元化背景下不同部门间的协同与合作，以克服 21 世纪以来政治治理碎片化的困境。治理理论要求多元主体的参与，公民从政治权利服从者的角度转变为政治治理的主体之一，有权利要求政府披露解除公共受托责任、评价自身工作绩效等信息，主动公开并接受评价。鉴于此，政府需要变得更加透明、更加负责、回应速度更快，从而促进政府信息披露，改善公民对公共事务的参与度。

在社会公众对政府职能的要求更高、政治治理对自身的要求更高的情况下，如何合理高效配置财政资源具有更加显著的重要性。多数国家政府会计改革的初衷都是为应对经济危机而采取的更为有效的政府财政资源管理制度，政府会计体系的完善首当其冲。以反映预算执行的政府会计无法反映隐性的政府债务危机，政府会计信息质量过低以致无法满足危机预警，导致放大了债务风险的危机，加重了金融危机的影响。基于合理高效配置财政资源、管理和防范财政风险，以满足政治治理过程中的资源配置需求，以权责发生制为计量基础，提供更贴近经济实质的资产、负债、成本费用等信息的政府财务会计被视作基础支撑工具不可或缺。

因此，政治治理对政府财务会计的需求即以收付实现制为核算基础，计量和披露贴切经济实质的政府资产、负债和成本费用等信息，满足社会公众对于政府部门运行效率和效益的信息需求，便于评价政府部门和各级政府公职人员的绩效考核，为高效配置财政资源、防范财政风险和建设法治、高效、阳光、廉洁、服务型政府提供数据支撑。

（3）政府管理会计的政治治理理论分析。

政治治理对政府管理会计的需求基于绩效考评、财政风险管理、新公共服务理论等而生。世界经济一体化不但促进了经济交流，也促成了民主意识的国际化，公民意识的觉醒和社会民主的深层次实现推动了新公共服务理论的全面推广。作为公共资源的管理者与使用者，政府公职人员在对公共资源配置的相关信息的采集、处理和报告等方面出现了质和量的多重变化，政府管理会计的重要性愈发突出。可以说，在全球竞争日益加剧的情况下，政府管理会计体系的建立及完善很大程度上决定了政府财政的可持续性和有效性。

与其他组织不同的是，政府行使公共权力需要消耗公共资源，因此政府的公共管理活动产生的成本信息备受关注，也是政府部门进行治理活动中进行经济决策的重要依据。政府的治理行为本身也产生成本消耗，若治理活动中存在不到位的管控措施或不科学的实施路径，将会产生更多的支出，这将给社会带来较大的负面影响，因此政府在实施治理过程中首先应控制好政府成本。充分掌握政府各项活动成本是进行绩效考核、成本实时控制、科学编制预算的必然要求。理想的政府管理会计应包含提供各项活动为归集对象、反映政府行政活动的直接和间接成本数据以实现上述控制和考核目标的政府成本会计系统。

现代政治治理追求的效率和效能正是理性化思路的基本趋向与主要逻辑，这符合《决定》中提倡的高效政府和服务型政府的内在要求。高效政府的内在要求单位成本下的治理活动效应最大化，政府绩效考评是实现高效政府的有效途径，因而绩效考评被视作政治治理的工具性制度。绩效考评工作的开展需要政府会计提供各部门支出和项目支出的相关信息为基础，才能达到提高预算资金使用效率、降低行政成本的目的，因此政府管理会计的需求越发凸显。服务型政府兴起于西方行政管理理论的新公共服务理论，作为新公共管理理论的演进和扬弃，强调"效率"和"民生"之间的博弈和取舍，在西方国家政治治理进程中颇具影响力。

因此，政治治理对政府管理会计的需求即归集、整理政府预算及财务相关信息核算政府各项活动，以及项目的债务、成本和效益，设计政府活动及公职人员的绩效考核指标体系，合理防范各级政府债务风险，优化政府预算，为有效合理配置公共资源、政府工作绩效考核、防范政府债务风险提供数据支撑，为政府作出正确政策决策提供信息，以提高政治治理水平，进而实现国家"善治"，作用机制如图 3－2 所示。

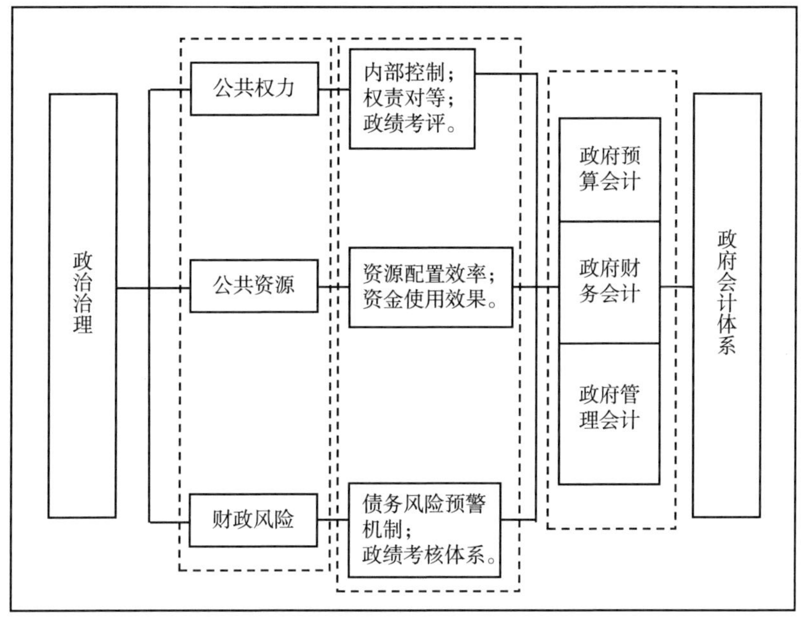

图3－2　政府会计信息的政治治理效应作用机制逻辑

政治治理是一个复杂的系统工程，治理的最终目标是解决治理规范性和有效性问题。依据公共政策学理论，政治治理的核心问题是治理主体本身的重构和完善，而非治理对象，其重心是公共权力的有效运行和配置，这需要不同机构分别承担决策、执行和监督控制的职责，形成相互联系、相互作用和相互依赖的决策系统、执行系统和监督控制系统等三个子系统。当前政府正在从全能政府向有限政府、服务政府、效率政府、公平政府转变，要确保这种转变的顺利进行，就必须建立一套行之有效的制度加以保障。在整个治理体系中，政府会计与政治治理遵循的目标和原则相同，两者都强调政府资源有效配置、提高政府绩效和信息公开，两者均遵循相互牵制、相互制衡的原则，因此政府会计体系成为政治治理中特殊的重要治理机制。政府会计通过政府预算、财务及管理会计各子系统的不同职能发挥实现政治治理能力的提升。

3.3.2 政府会计信息的经济与生态治理理论分析

经济治理是政府、社会组织和个人等多元主体对公共经济风险的联合治理过程，各主体在经济治理过程中发挥着相互影响又各自有序的作用。由于我国政府在经济发展中扮演的“最终守护者”“积极参与者”“领航者”等多重重要角色，政府预算、财务及管理会计对经济稳定可持续增长、地方经济风险防范、经济社会内含公平及经济增长能力的提升等方面影响颇深。其中，绿色经济的发展即为实现生态治理目标的主要途径，生态治理的治理对象与经济治理相同，即为市场，因此本章节将对经济治理和生态治理领域的政府会计信息治理职能展开理论分析。下面将以经济治理对政府预算、财务及管理会计等子系统的各自需求分别进行理论阐述。

（1）政府会计信息的经济治理理论分析。

经济治理对政府预算会计的需求主要基于宏观经济视角。市场相较于政府在资源配置中占据绝对优势，是实现物质和服务最优化配置的最佳方式，但是市场运转的方式因其自身性质会存在配置无效的情况，即所谓的市场失灵。市场失灵的必然存在决定了政府干预的合理性与合法性，在保证市场经济条件下政府需要参与到市场经济发展中，承担符合社会经济社会价值观的经济责任，具体体现在维护市场秩序、加强及优化公共服务、保持宏观经济稳定、维持市场健康发展，弥补市场失灵，促进共同富裕等。政府在经济治理领域的职能发挥离不开财政资金的支持和投入，财政信息的真实可靠、公开透明，有助于促进财政预算资源分配决策的准确、精密，提高决策和管理质量，有助于提高公民积极参与、广泛监督预算决策过程，促进经济社会健康发展，共同应对公共经济风险。

政府在经济治理过程中应着力发挥对经济活动的引导和规范作用，

职能科学、权责法定、公开公正、廉洁高效、守法诚信的政府是实行有效经济治理的关键，政府需要具备较高的行政效能和服务水平。根据前文论述可知，政府预算会计作为反映政府经济活动的信息系统，具有天然的防治腐败及监督政府经济行为的职能，是提高政治治理水平、提供高效高水平服务的重要制度设置。因此，经济治理需要政府预算会计真实、准确反映政府对于财政资金的使用和配置情况，通过财政资金的使用情况反映出政府的权责分配及行政效能情况。

政府预算会计与经济治理另一直接相关的经济实质即财政透明度与经济社会的密切联系，经验数据显示，财政透明度的提升可以减少腐败，改善经济绩效（Bastida and Francisco，2007），有利于公共财政资金的使用，从而有助于经济增长（Ellis and Fender，2006）。我国的经济发展过程中政府参与过多，地方政府融资平台也为市场经济发展带来很多有待解决的问题，这些制度的遗留及不完备导致了政府买单最终的市场风险，因此我国的财政资金状况对于经济稳定有着“底线守护”的重要作用。财政是经济稳定发展的最后一道防线，财政资金的使用情况及使用效率直接关系到一国的经济风险承受能力，政府预算会计需全面核算财政资金，以高效率合理配置公共资源，提升经济治理能力。通过政府预算会计提供的会计报表及报表所反映的财政信息，可以判断并预测本国政府当前及未来国际市场融资能力（Petrie，2003）。因此，政府预算会计提供的财政信息不仅关乎本国的经济稳定持续增长能力，更影响到一国当前及未来的国际市场融资能力，进而影响到一国的国际竞争力。

经济治理是政府、社会组织和公民个人等多元主体共同参与到治理、应对公共经济风险的过程，其治理能力的提升关乎每个主体的应对风险的能力。在此过程中，政府作为一国经济发展的领导者地位及守护者角色，对于经济治理能力的建设和治理水平的提升有着至关重要的影响。政府作为经济治理多元主体中的一元，需提升自身治理水平以提供更高效、高水平的服务质量，财政资金的使用效率及配置情况决定着经济风险的承受能力，财政透明度很大程度上决定了社会组织和公民共同治理经济风险的参与度和积极性。因此，经济治理需要政府预算会计提供真实可靠的财政资金使用情况信息，并及时公开地披露出来，提高财政透明度，提高政治治理水平，使政府在经济治理过程中发挥引导和规范作用，调动公民参与经济治理的积极性，使经济治理水平得以提升，更好地解决公共经济事务，应对公共经济风险。

经济治理对政府财务会计的需求多是基于微观经济视角。经济治理体系基于公共经济风险产生，地方政府以发行政府债券、与民间资本合作等方式融入市场经济中，且政府一般起到引导和规范市场经济的作用。由政府积极投入的项目因其低风险的特征引起社会资本的蜂拥追随，因此，政府债务引起的经济风险波及面及严重性远大于个体经济风险，直接危及地方经济的健康发展。隐藏在经济发展背后的财政赤字和政府债务不容忽视，尤其是地方政府赤字和地方政府债务。政府会计信息是债务信息的来源，在地方政府债务积聚、债务风险扩大的情况下，仅以收付实现制为计量基础的政府预算会计提供的资产和负债信息无法满足信息使用者的需求，无法作出及时合理的经济决策，因此以权责发生制为计量基础的政府财务会计提供的更加接近经济实质的政府资产、负债、收入和费用信息的重要性逐渐显现出来。权责发生制基础的政府财务会计根据权利和责任的发生时点来确认资产和负债，对于本期应当承担的债务，无论是否支付，均记为债务反映在报表中，有利于政府及时掌握本级政府提供的债务情况，有助于合理配置财政资源，避免发生近期或未来期间的债务危机引起的本地市场经济动荡。政府财务会计可以提供政府财务状况、资金运行情况和现金流量等信息，是一个持续的信息沟通过程，有助于信息使用者作出相应决策，充分发挥财务会计的债务风险防范和未来导向功能（应益华，2016）。

政府财政资本投入市场引导市场健康发展的过程中产生了政府债务，政府债务风险是经济治理一个重要的治理对象，需要政府、市场和社会公民的多方参与实现善治。因此，经济治理需要政府财务会计提供权责发生制的政府资产和负债信息，将政府财政赤字和政府债务规模控制在合理可控的范围内，防范地方政府债务风险波及地方经济的健康发展，引发地方经济动荡。政府财务会计有助于信息使用者获取全面、准确、可靠、及时的债务信息，从而进行指标测算、分析和比较，合理估计地方政府性债务风险，加强地方政府性债务管理，有利于及时预警和防控地方政府性债务风险。

经济治理对政府管理会计的需求主要基于宏观经济健康发展和经济治理的内含公平理论。经济治理具有维护经济健康发展和促进社会公平正义两大功能。经济健康发展需要政府、市场和社会公民做出合法合理的正确经济决策和经济行为，且参与经济发展的各主体相互监督。政府拥有的特殊权力及其可控的巨额资金导致缺乏监督下的公共权力走向腐败，或政府官员为了个人业绩做出不符合社会经济健康发展的经济决策等，这些都是政府扰乱经济健康发展的经济行为，是经济治理的对象。经济治理的内含公平需要政府公开政府部门及公职人员的绩效、费用支出、项目成本及工薪福利信息，便于社会公民评价政府工作绩效及决策合理性等。因此，经济治理两大功能的实现需要政府管理会计提供政府部门及公职人员的绩效信息及成本费用信息，便于利益相关者掌握和监督政府的经济行为合理性和合法性，约束政府公职人员偏离经济社会健康发展的决策和行动，提高政治治理水平，促进社会公平正义。

经济治理旨在合理防范公共经济风险，维护经济社会健康发展，促进社会公平正义。政府公职人员本身受“理性人”假设约束，在缺乏监督的情况下容易做出偏离社会利益最大化的目标，做出更有利于个人利益的决策。调查显示，地方官员通过政治晋升、财政分权和腐败三个途径对经济发展产生影响（郭广珍，2010）。由于我国政府组织结构呈 M 型结构，是政治、人事权的高度集中与行政、经济控制权的高度放权紧密结合的组成形式，加之我国政府行为在推动地区经济发展的表现更加符合发展主义政府特征，主要追求经济增长（周飞舟，2009）。政府行为的成果不同于产出，它反映的是政府的行为对社会福利、经济发展和环境质量等方面的宏观影响。经济治理的内含公平需要政府会计提供更多的财务信息。关于治理能力与经济的相关性，一般认为人均产出水平较高的国家同时具有较高的治理能力。考夫曼·克拉伊（Kaufmann and Kraay，2002）认为经济产出与治理水平两者的关系主要是政治治理水平促进经济发展。

经济治理具有维护经济健康发展和促进社会公平正义两大功能。基于经济治理的内含公平要求，政府管理会计需要公开政府公职人员的福利待遇、执行公职的费用等，便于社会公众了解政府部门的各项福利和基本生存待遇与社会工作人员的差异，解释其差异的合理性，让公众更多地知晓政府配置财政资金的情况，评价政府经济行为的合法性和合理性。

如图 3－3 所示，经济治理以应对公共经济风险为立足点，建立政府、市场和社会公民共同参与治理经济风险的机制，政府作为多元治理主体中的一元，在经济社会发展中起示范和带头作用。首先，应以身作则，提高自身治理水平，并合理控制财政赤字和政府负债规模，谨防危及地方经济发展；其次，政府公职人员本身受“理性人”假设束缚，在缺乏相应监管机制的情况下容易作出偏离经济社会利益最大化而更有益于个人利益的错误经济决策，影响经济社会健康发展；最后，经济治理追求的社会公平公正，需要政府提供更为详尽的部门消费和福利待遇等信息。因此，政府会计需提供政府绩效评价体系及相关信息，从政府内部和外部提高监管力度，政府会计各子系统充分发挥各自职能，起到加强政治治理建设的作用，防止公职人员的相关经济决策偏离经济社会健康发展目标；政府会计需建立地方政府债务风险预警机制，将债务风险和财政赤字规模控制在合理范围内，在推动地方经济发展的同时注意风险控制，推动经济持续稳定地健康增长；政府会计还需提供公职人员因提供公共服务或公共产品时发生的成本费用信息及个人福利待遇等信息以促进社会公平公正。

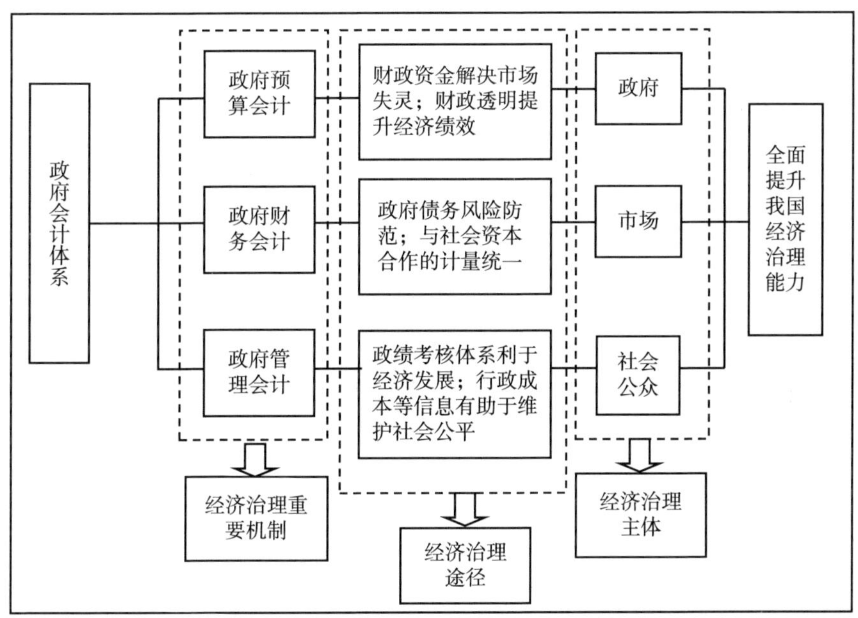

图3－3　政府会计信息的经济治理效应作用机制逻辑

（2）政府会计信息的生态治理理论分析。

生态治理方面的多元主体特征体现尤为突出，各主体的作用对于治理目标的实现都具有不可忽略的重要影响。公众问责的监督责任是分散存在的，其权利也是分散存在的，需要政府做集中工作（李靠队等，2016）。生态环境与生态治理所具有的外部性和公共性是无法通过市场机制来解决的。由于生态治理是多元主体的治理过程，不同主体对生态治理效果和效率的影响不容忽视，政府作为治理主体之一，其治理力度和态度直接影响其他主体的治理积极性和治理效果，因此政府资源的投入、使用及政府自身的治理均对生态治理产生巨大的影响，甚至是决定性的。在此过程中，政府会计除了监督和治理政府本身之外，对于自然资源的原始计量及损耗计算、环境成本的计量、引导绿色经济发展等皆成为生态治理体系的重要组成部分，因此接下来本书将论述生态治理对于政府会计体系的理论需求。

生态治理对政府会计的需求主要基于责任分散制、市场悖论、绿色GDP理念、“经济—社会—生态”等理论。生态治理能力的现代化发展要求政府在市场出现定价失灵的情况下积极解决生态环境成本的内部化，通过归属清晰、权责明确等制度对自然资产进行记录和计量，改变内部化企业的外部自然资源成本、政府官员绩效考核制度，将地方生态环境质量纳入考核范围并平衡比重，使政府和企业各方认识到绿色经济发展的重要性和必要性，并主动接受社会公众的监督。政府会计作为一个集预算、财务和管理会计于一身的整体体系，不同的构成部分在作用于治理的过程中发挥的功能不尽相同，因此，需要分别阐述政府会计的子系统作用于生态治理的路径，如图3－4所示。

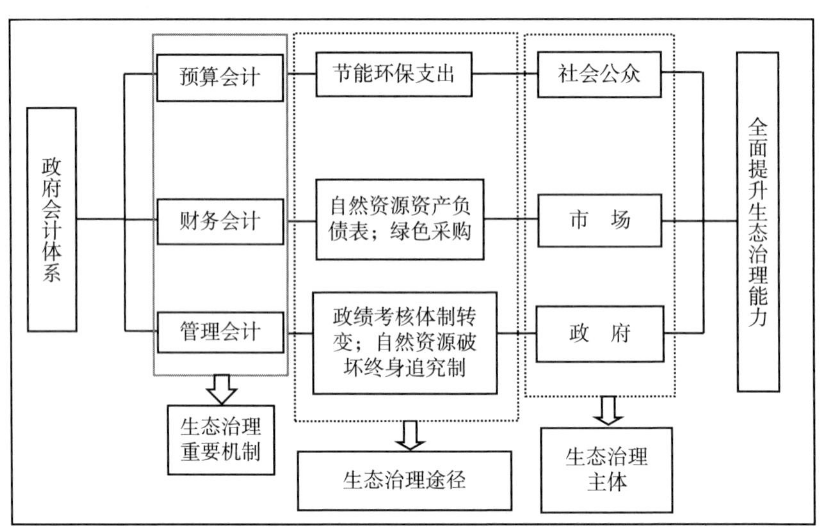

图3－4　政府会计信息的生态治理效应作用机制逻辑

首先，政府预算会计主要通过披露预算与决算的信息体现地方政府及国家对生态治理资金的投入程度和重视程度，体现对生态环境治理工程的长期性和计划性。财政的本质即集合一部分社会资源，通过直接供给或与微观经济主体合作供给公共产品和服务，以满足人的社会公共需要，即财政的公共性就是“以满足社会公共需要为根本宗旨”①。国内外实证研究均表明，政府环境保护财政支出预算规模的增加与污染排放量呈反向关系，政府越重视环境污染治理，越有助于提升地方环境污染治理效果，且政府监管比排污费对治理排污更有效（Dasgupta et al.，2001；Wang and Di，2002）。因此，政府环境保护预算支出本身不仅对生态环境保护产生正向效应，对微观经济主体的污染行为也有抑制作用。政府环保支出预算信息的公开为社会公众的监督提供了路径，地方居民对生态环境的主动监督和治理也对提高治理能力有着积极的正向效应。在市场无法准确反映出经济发展的自然资源成本时，政府应通过财政手段内部化企业经济发展的环境外部成本。例如，通过绿色采购、税收减免等手段鼓励绿色经济个体的发展，通过收取排污费及增加税收负担等政策增加环境污染企业的生产成本，并将收取的费用投入当地的环境改善治理中去。

其次，政府财务会计通过对自然资源的原始价值记录和计量体现经济发展的自然环境成本，提高生态治理资金的使用效率，披露政府绿色采购等信息，为建立绿色政府和节能政府提供参考，起到生态文明建设的带头作用。生态治理要求各级政府披露对自然资产的记录和计量，编制自然资源资产负债表，各级政府应建立归属清晰、权责明确、监管有效的自然资源资产产权制度，为实行生态环境损害责任终身追究制、建立自然资产管理体制及生态保护预警机制等制度打好基础。通过财务方法，记录和计量地方政府自然资产的期初价值、期末价值，揭示一定时期内的资源资产价值变化，反映一段时期内政府发展经济所耗用的自然资源资产，将其任期内管理的自然资源资产进行量化，考核一届政府对当地资源和生态环境的消耗或提升情况。政府财务会计有助于提高资源开发信息的透明度，服务资源管理，还有利于评估生态环境风险，评价

① 高培勇．论国家治理现代化框架下的财政基础理论建设［J］．中国社会科学，2014（12）：102－122.

当地政府生态责任的履行情况。政府财务会计可以提供政府绿色采购的项目支出及使用效率，不仅增加了政府支出的信息透明度，还可以引导企业向绿色经济发展。

最后，政府管理会计推动政绩考核方式的转变，引入生态环境治理因素，扭转地方政府官员为单方面追求晋升而牺牲环境质量的局面，推动环境会计的发展，有助于发展和构建企业社会责任体制，带动微观经济个体的绿色健康经济发展。环境是一种公共资源，实施环境会计的目标是环境资本的保全。环境会计由微观的企业环境会计和宏观的环境会计构成，微观的企业环境会计主要职责在于反映，而政府的宏观环境会计职能在于控制。企业环境会计主要是对环境有关的信息进行核算并披露，而政府环境会计则是通过这些信息来调节企业的行为，作为其控制的依据和手段。政府管理会计主要通过引入生态环境因素转变政绩考核方式、构建绿色政府购买绩效评价机制等方式建立和传播政府、企业及社会公众等主体的生态绿色健康理念，平衡经济发展与环境破坏，通过数据整理分析评价机制完善生态环境问责机制。实证检验证明政治晋升激励下地方政府追求经济发展的程度与环境治理呈反向相关关系（王询等，2013；郭志仪和郑周胜，2013），因此建立包含生态环境治理因素的绩效评价体系是改善地方政府经济行为的关键，在地方政府绩效考核中纳入资源利用效率、人居环境指数、空气质量指数等因素，激发地方政府生态环境治理的积极性。

由此，政府会计对生态治理体系构建和治理能力现代化建设具有不可忽视的重要作用。由于生态治理对象的公共性、外部性和外溢性，政府作为治理主体之一，必须承担分散化了的责任，主导生态治理能力的建设，通过长期性、持续性的财政投资推动生态环境改善工程，体现国家长期发展的方向和目标，并利用政府经济行为鼓励微观经济个体发展绿色经济，内部化环境成本，建立环境保护意识，形成全民社会主义核心价值观；通过对自然资源资产的原始价值计量和记录，反映时点的资

源价值及一定时期内自然资源的损耗情况，以此评价政绩，接受公众监督，倡导“有权必有责，权责必相等”的观念，为构建环境污染终身追究制提供依据；将生态治理指数纳入政府绩效考核系统，扭转政府官员为追求个人晋升而牺牲生态环境只发展经济的局面，通过顶层设计的完善引导发展环境会计和企业社会责任制度，推广生态环境保护意识。

3.3.3　政府会计信息的社会治理、文化治理理论分析

社会治理是多元主体通过合作、对话、协商、沟通等方式依法解决公共事务、公共问题的制度安排，文化治理主要是通过文化产品疏导、沟通社会问题，普及和树立核心价值体系、正确意识形态，提升全民文化素养。

政府会计体系的完善有助于社会团体组织、公民等外部信息使用者掌握政府提供服务、发挥职能的成本、费用、绩效等信息，便于政府向服务型转型，提升公民的“民本位”意识，发挥财政外部监督者的职能，建立国家主人翁意识，提高公民对政府的信任程度，统一社会主义核心价值观等。为此，本书接下来将阐述社会、文化治理对政府会计的需求。

社会、文化治理对政府会计的需求主要基于税收国家理论、“民本位”理论、服务型政府、制度同质化等制度经济学理论。政府会计与社会、文化治理的主要作用体现在对公民本位认知的强化和传播，多元主体参与治理的意识强调，社会主义核心价值观在政府财务工作中的体现及强化，以及制度同质化对社会主体权责的影响，通过以上影响机制达到强化社会主义核心价值观的作用，强调公民权利与责任的匹配，肩负起委托人义务，调动公民积极参与国家治理的积极性，最终实现对政府财政及国家的信任与合作，为实现国家善治共同努力。

首先，税收国家（tax state）区别于领地国家概念，认为现代国家的财政所有权不在政府而在于纳税人，以公共服务论替代主权论成为税收国家的根基，强调政府权力是为公共服务的公共权力，政府在使用公共

财政资源时便成为全体纳税人的受托人，需接受全体纳税人的监督，提供符合税收价格的公共产品和公共服务。由于政府不是公共财政的所有者而是受托人，政府在使用公共财政时需提供财政支出的依据与合理性、具体支出的经济内容，以及基于财政现状对未来一段时间内财政收支的预测等信息，减少委托人与受托人的信息不对称问题。全体纳税人就政府提供的财政支出信息对不符合税收价格的公共服务和公共产品提出异议。民主社会的基本认知是“民本位”文化，相对于“官本位”认知，民本位认为社会公民是国家的主人，提倡公民的“主人翁”意识，鼓励公民参与到治理政府和自治的过程中。由此可见，税收国家从财政所有权角度阐述“民本位”认知，公民在政府行使公共权力的过程中具有话语权，对不符合税收价格的服务和产品及不合理、无规划的财政支出具有问责权，通过财政收支信息的公开和披露行使公民监督权，并通过公开选举投票等方式实现授权，以此形式实现多元主体治理模式。税收国家理论与“民本位”认知的核心概念均是强调社会公民的主人翁意识，推进政府的服务意识，通过主动披露、解读政府财务信息传递政府履行公共受托责任情况，鼓励纳税人提升外部监督者意识，调动社会主体参与公共治理的积极性。

其次，制度同质化理论指出，制度化是一种同质化的过程，在此过程中，社会成员的行为模式与思想方式趋于一致，尤其是涉及财产的制度。按照社会困境理论，合作建立在三个机制基础之上，即信任、功效和社会责任。政府预算会计需充分披露与公共资产相关的财务信息，以及基于管理会计分析预测得出的未来公共资金的分配信息，使公民掌握和了解政府对公共资金的配置情况，关注对教育、医疗、安全和经济发展等与自身切身利益息息相关的资源投入比重及未来的投入变化，帮助公民了解国家社会经济发展趋势及政府工作重心的调整，监督国家财政资源配置合理合法；政府财务会计权责发生制的应用部分解决了代际消费问题，从政府官员的交替开始创建人际信任和制度信任，对公民未来的财政风险和税收压力从制度层面予以明确的数据交代，形成政府与公民之间的内在信任；政府管理会计对于成本和绩效的考评观念与非公有经济价值观趋同，有助于社会各成员形成一致的价值观和思维模式，有利于形成统一的社会主义核心价值观。

最后，制度经济学认为制度建设是民主的核心，是社会合作的外在信任表现，经济制度的改变过程涉及整个社会，其变化应着眼于全社会。基于制度经济学理论，政府会计的制度改变不仅影响政府部门及国家层面的财政预算信息，也影响社会公民对于政府职能的认识及个人在国家治理中的职能界定。权责发生制财务会计的内涵思想是权责的匹配，强调权利和责任的对等，强化公职人员的责任意识，当期应承担但未支付的债务应确认为当期的负债，当期消耗的资产应确认为当期的成本费用，以该思想指导下的权责发生制政府综合财务报告向政府及社会传递的信息更具有经济意义，使公众直观地了解当期政府部门提供公共服务和公共产品的成本，以及政府使用公共资金的有效性和必要性。将权责落实到每个人，让公众可以追究责任到个人，强化社会权责明晰的认知和意识。在政府或第三方解读政府财务信息时必然逐渐渗入权责匹配的思想，以及内部控制相互制约相互监督的思想，这不仅影响政府的财务人员与政府公职人员，防止政府官员为追求个人晋升而产生代际问题，过度消费财政的未来资源更是向社会公众传递权责匹配的核心，即行使了权力就要承担起相应的责任，政府人员要对其行使的公共权力负责，社会公民也应对个人行为产生的后果主动承担责任。

政府作为社会和文化治理主体之一，具有领导和带头作用，良好的政治治理有助于社会和文化的善治，因此政府会计应起到治理政府的作用，对政府官员的经济行为起到约束、监督作用，对政府工作的社会后果起到及时、客观、准确的披露，便于公众监督，建立政府与公众交流的途径和标准，以此建立社会与政府间的人际信任与制度信任，发展社会资本。实证检验证明，政府在提供公共服务方面能力更强，政府的经济决策直接影响地方社会治理水平发展及文化水平发展。然而，政府官员受“理性人”假设禁锢，为实现个人晋升，单纯追求GDP增长而作出浪费公共资源、破坏生态环境等不利于社会利益的决定，诸多社会问题接踵而来。因此，政府自治更有利于社会和文化治理能力的提升。

社会治理旨在协调社会各利益主体的关系，文化治理旨在抒发各利益主体的情感、满足其精神需求，文化一旦被政治使用，便具备了社会治理职能，通过文化产品的传播深化政治认知。文化是制度存在的环境，制度的变化也改变文化认同。民主文化的认同行为是法制和民主文化，文化社会内涵的意识形态要求政府不仅大力推进社会公平文化产业及公共服务水平的发展，更要求政府以受托人身份高效合理地使用社会公共的受托财产，即公共财政。“民本位”文化和税收国家理论强调全体纳税人的主人翁意识、公民与政府公职人员的平等地位，且委托者与外部监督者的身份要求政府主动及时地披露公共资产使用的合理性、有效性信息，确认政府的受托责任履行情况，确定纳税人所受的公共服务和公共产品符合其税收价格。在制度同质化的发展进程中，企业财务制度不能也不应该是一国组织中唯一发展的经济计量制度，政府的资金使用效率和资产使用效益若想匹配经济社会的发展速度，则政府的相关财务制度也一定会与企业财务制度呈现趋同趋势，且趋同的经济财产制度有益于社会主义核心价值观的统一，协同的经济认知能加速不同利益主体的合作，加快经济社会发展。政府通过真实客观的资金使用信息和未来财政预算计划等信息的披露和有效合理的财务制度系统给社会公民带来制度信任，进而发展为人际信任，这对减少社会各利益主体间的矛盾、统一社会主义核心价值观、建立一国经济社会发展的基本信任具有重要作用。政府作为社会、文化治理的主体之一，其本身治理水平的高低直接影响其职能效果，因此政府会计提高政府自治有利于更好地解决社会矛盾、提供文化服务。因此，政府会计系统不仅对政治治理、经济治理具有显著的重要意义，对于社会、文化治理能力的构建也具有不可忽视的重要作用。

通过上述理论分析得知，政府会计作用于国家治理的各子治理体系，政府会计的各子系统在治理体系中均发挥不同的职能，相互依赖又适度分离，缺少任何一个子系统都会使治理体系出现缺陷，其总体治理效应分析如表3－4所示。以上主要针对国家治理各项治理体系的构建阐述政府会计的职能发挥路径，接下来将分政治、经济、社会文化和生态治理各部分治理体系，实证探究目前我国政府会计体系分别发挥的治理作用，以获得治理体系构建的经验证据，为实现“善治”目标设计符合我国社会经济制度背景的政府会计体系。

表3－4　　　　政府会计职能的治理作用路径分析

	预算会计	财务会计	管理会计
政治治理	法定、强制； 监督公共权力； 提升财政透明度； 财政可持续性； 政府公信力	效率、廉洁； 政府资产、负债信息； 提升财政透明度； 为绩效考评提供基础信息； 为构建债务风险预警机制提供信息	绩效考评，效率、廉洁； 成本控制、高效； 债务风险防范
经济治理	保持宏观经济稳定，一国经济发展能力； 地方融资平台、国有企业、PPP等形式参与市场； “最终守护者”	政府债务规模及风险对地方市场的冲击； 更接近经济实质的资产、负债、收入、费用等信息； 相同的资产概念减少交易成本，有利于多方合作的沟通； 共治，防范财政赤字风险	内涵公平理论； 降低腐败对经济社会发展的危害； 工薪待遇、绩效评价，地区间、行业间、国家间； 资源配置合理性
社会、文化治理	税收国家理论； 民本位理论； 服务型政府； 社会资本——信任的建立； 国家（政府）提供与税收水平相匹配的公共产品或公共服务	强化权责意识； 强化公民民主意识； 平等意识； 统一社会主义核心价值观； 构建制度信任	强化权责意识； 平等意识； 民主意识； 社会主义核心价值观趋同； 构建制度信任
生态治理	节能环保支出； 对生态治理的投入和使用信息； 生态治理工作的长期性和计划性的财政体现	自然资源资产变化信息； 绿色采购项目； 对环境成本的计量	政绩考核体制转变（引入环境因素）； 自然资源破坏终身追究制； 传播绿色发展理念

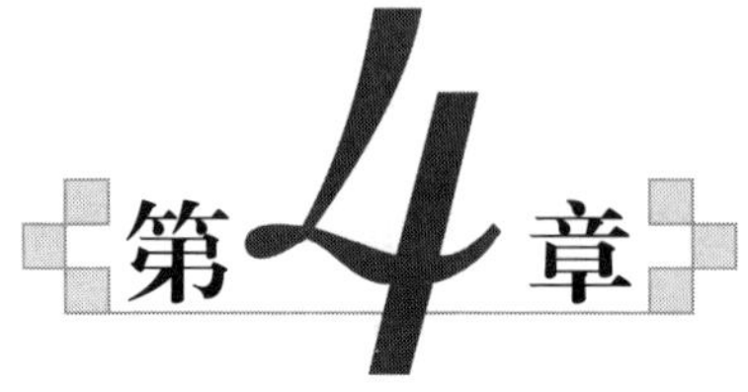

第4章 政府会计信息的政治治理效应实证研究

4.1 理论分析与研究假设

按照国家治理理念的分析框架，政府与社会公众之间为委托代理关系，公众为委托人，政府为代理人，公众将以税收资源为主的公共财政资源委托给政府，希望政府能提供优质的公共品和公共服务，最大效益地使用公共财政资源。与所有的委托代理问题一样，政府与公众之间存在信息不对称，甚至因为政府拥有的公权力"凌驾"于社会公众之上，使得政府与公众之间的信息不对称程度更甚于其他种类的委托代理关系。政府很有可能利用信息优势背离委托人的利益采取使自身利益最大化的行为，这种行为即政府公职人员的"异化"行为。涉及公共财政资源的异化行为主要有：一是为扩大权力和提升地位而提供不必要的公共品或偏离公民福利最大化的公共品（Krueger，1974；傅勇，2010；尹恒等，2011；姚金伟，2014）；二是为追求个人晋升而通过过度举债提升地方经济增长或政府公共服务支出（Shi and Svensson，2002；周黎安，2007；

肖鹏等，2015）；三是最直接的利用信息不对称在发挥政府职能的过程中为个人利益进行腐败行为（Kolstad and Wiig，2009；李敬涛，2016）。

（1）政府会计信息对政府支出结构的作用分析。

在我国财政分权体制下，地方政府的财政支出具有较大的自主性，在信息不对称及外部监管缺位的情况下地方政府的财政支出会偏向“见效较快”的“政绩工程”及“形象工程”，而对公众较为关注的社会福利投入比重减少（傅勇，2010；尹恒等，2011），使得社会公众的利益受损。政府作为财政资源的决策者，与此同时又是资源配置的主要利益相关者之一，若在信息披露匮乏的条件下，经济理性人假设推导的政府行为将会倾向于个体受益结果，即将公共财政资源作为个人获利的手段，成为最大的获益方。由于财政资源的公众属性，政府仅是资源的使用方，并非拥有者，依据委托代理理论，政府在进行财政资源配置的过程中应最大限度公开财务信息，将政府的经济行为以会计信息的形式披露给社会公众，接受其他政治治理主体的监督及评价，以此实现财政资源配置的最优目标，防治偏离公众利益最大化的政府经济行为。政府财务信息的披露能够将政府行为的“黑箱”暴露于公众视野之内，使政府职能在外部监督与问责环境下良性运作，从源头上遏制地方政府的投机倾向与道德风险（李敬涛，2016）。因此政府会计信息披露程度越高，越能满足财政资源配置的公众最优化目标，即政府工作的重心越容易聚焦于公众利益最大化，越能遏制地方政府偏重经济性公共服务而轻社会性公共服务的投机倾向。据此提出第一个假设。

假设4－1：政府会计可以抑制政府经济性支出规模的扩张，即地方政府会计信息披露水平越高，其财政经济性支出比重越小。

（2）政府会计信息对政府债务规模的作用分析。

自2008年国务院正式颁布实施《政府信息公开条例》以来，政务信息公开特别是财政预算公开的制度改革及实施路径引起广泛关注。政府财务制度透明具有显著的政治经济效应，国际经验数据表明政府财务信息透明度的提升能够显著降低政府赤字水平与债务规模（Alt et al.，2002；Alt and Lassen，2006）。周黎安（2007）指出行政领域的委托代理问题集中体现为政府失效，如地方政府融资平台的大量兴起，地方政府债务规模迅速膨胀，通过融资平台举借的资金大量投入能够直接促进短期经济增长的固定资产投资领域，而忽视与公众福利最为密切相连的教育、医疗等方面。史和史密斯（Shi and Svensson，2002）在其政治代理模型中发现，选民希望有能力的政党执政，这种心理使得执政党有动机通过扩大政府性债务规模来提供公共产品，进而使得自己看起来更有能力。尤其当财政资金作为一种有限资源，当地方政府行为失当引起超支时，政府主要通过出让土地或地方融资平台等手段增加可支配收入（王建军、周晓唯，2013），由于我国地方政府没有破产法和相关机制，中央政府天然为地方政府提供隐性担保，上级财政的兜底使得地方政府放松对债务的警惕（马骏，2003），加之我国现有预算会计无法及时反映出当期应负担未支付的债务，地方政府通过“代际消费”等短视行为达到个人目的都有损社会公众利益最大化，直接表现为地方政府债务规模的膨胀。2007 年财政收支科目改革后，财政收支信息的披露内容发生较大变化，逐渐有地区披露地方政府性债务余额信息，财政支出项目中更是包含了债务付息支出和债务发行费用支出，将地方政府债务作为单独列示的项目披露，说明对政府性债务的认识已经重视起来。会计作为组织的信息系统，其制度的改革直接影响政府行为的交易成本。高效的政府会计能有效预防和抑制政府官员的行为异化，降低社会交易成本，促成公共资源科学配置，因此政府会计制度可以成为推动政治治理现代化的机制和程序之一。据此提出第二个假设。

假设 4 -2：政府会计信息披露水平可以抑制地方政府债务规模的扩张，即地方政府会计信息水平越高，地方政府债务规模越低。

（3）政府会计信息对政府腐败的作用分析。

公共权力是政府持有的稀缺资源，绝对的权力导致绝对腐败，将权力关在制度的笼子里，将权力在阳光下运行，是防止权力滥用成为腐败等异化行为的关键。信息公开是权力制约的基础（李敬涛，2016），而政府作为受托人处于信息垄断地位，受到“经济人”本性的驱使及有限理性的约束，寻租腐败等权力异化的现象在外部监督缺位的情况下极易产生。政府会计作为反映政府经济活动的信息系统，属于特殊的政府权力控制机制（FASAB，2004），有效的政府会计是廉洁政治治理的基础（陈志斌，2013），这与政治治理目标耦合，服务于高效、廉洁、阳光等要求。阳光政府的实质是财政透明度的提高，通过公开透明的财政、财务信息来使公众了解政府的工作效率和效果，接受社会和公民的监督和评价，以解除公共受托责任。“透明性”的本质即信息公开，政府会计通过推动政府财务透明，客观量化地向社会公众及利益相关者反映政府履行公共受托责任的效率与效益，这是政府会计最基本的职能属性。政府会计信息成为权力制约的关键因素，降低权力异化及政府机会主义行径的出现。国际经验证实提高政府财务信息披露水平可以有效减少腐败（Bastida et al.，2007），加剧腐败行为风险，从而减少腐败行为（Kolstad et al.，2009）。费里约翰（Ferejohn，1999）指出，在公共委托代理关系中，政府作为代理人在信息不对称情况下很可能利用信息优势为自身提供寻租机会，提高财务信息披露水平可以改善委托人与代理人之间的信息不对称程度，从而削弱政府谋取私利的可能性。山瑶良和玄堂（Yamanura and Kondoh，2013）的研究指出，正是信息不对称给予了政府机会主义和寻租行为，使得政府财务信息的公开直接减少寻租活动，有利于抑制政府的腐败等不当行为的发生。孙琳等（2013）通过48个国家的数据检验发现，政府会计的权责发生制改革对政治治理水平具有积极作用，且在反腐作用方面体现最为显著。基于我国财政数据的实证研究较为罕见且结论迥异，黄寿峰和郑国梁（2015）基于省级2007～2009年数据实证研究发现我国财政透明度对腐败行为无显著影响，但其影响力度有逐渐上升趋势。李影和牛毅（2014）运用我国2006～2010年省级数据得出财政透明度与腐败之间存在显著负相关关系。李春根和徐建斌（2016）实证检验5年省级面板数据发现我国财政透明度的提升对腐败程度的降低具有显著的促进作用。李敬涛（2016）得出类似结论，并指出市场化程度与法律制度等宏观因素弱化了财政分权和政府财务信息透明度对腐败的抑制作用。从研究结果来看，基本上支持我国政府财务信息披露水平的提高有助于抑制腐败发生的结论；从理论上说，政府公职人员的腐败行为伴随着职能活动而产生，每一项职能活动均离不开财政资金的流动（郭剑鸣，2011）。因此，政府财务信息的披露水平越高，公民越能了解政府对财政资金的配置情况，越能监督政府的经济行为，因而政府腐败行为越发受到约束。据此提出第三个假设。

假设4-3：政府会计信息披露可以抑制腐败行为的发生，即政府会计信息披露水平越高，腐败行为越不可能发生。

4.2 研究样本与变量设置

4.2.1 研究样本与数据来源

鉴于数据的可获取性，以我国31个省（自治区、直辖市）为研究对象，除政府会计信息披露程度外的数据来源主要集中在《中国统计年鉴》《中国财政统计年鉴》，并与万得（Wind）数据库进行比对补充。对于政府会计信息披露的研究，我国目前主要是由上海财经大学“财政透明度”课题组评估的省级政府数据、清华大学评估的市级地方政府数据及中国社会科学院评估的主要城市及部门数据。根据研究需要，同时借鉴李敬涛、刘子怡、阮卓静等人的研究。据此，选取上财课题组2009~2018年出版的《中国财政透明度报告》中评估的2006~2015年的我国的31个省份财政透明度指标作为政府会计的衡量，其中2010年度的省级财政透明度数据缺失，以简单插值法作为2010年各省财政透明度替代值，并统一换算成百分制分数进行计量。该指数越高，表明该地区政府会计体系完善程度越高，会计信息披露水平越高。

由于可获取的政府会计信息披露程度数据为2006~2015年，且2007年的财政收支分类改革使披露的政府财务信息出现较大变化，因此选取2007~2015年的279个观测值作为研究样本，主要变量设置及说明如表4-1所示，实证检验过程使用STATA 14.0进行操作。

表4-1 主要变量设置说明

变量类型	变量名称	说明
被解释变量	政府支出结构	财政经济性投资与财政总支出之比（stru）
	政府债务规模	地方城投债与GDP比值的自然对数（lndebt）
	政府腐败	腐败、渎职案件数与地方公职人员的比值（corr）
解释变量	政府会计信息披露	以百分制换算的财政透明度得分（ft）
控制变量	财政分权程度	地方财政收入与中央财政收入比值的自然对数（lnfdr）
	财政自给率	财政自有收入与财政总支出的比重（gap）
	贸易开放度	一地进出口总额与GDP的比重（trade）
	人口密度	地区人口总数与面积比的自然对数（lnden）
	财政支出规模	一地财政总支出的自然对数（lnbc）
	第二产业发展程度	第二产业国民生产总值增加额与GDP的比重（sec）
	城镇化率	地区非农人口数占人口总数的比重（urban）

4.2.2 变量设置

1. 被解释变量

在中国财政分权体制下，政府官员通过配置公共财政资源获得政绩，能短期内显著提升经济增长的支出被视作经济性支出（姚金伟，2013）。由于财政资源的有限性，经济性支出与非经济性支出之间存在此消彼长的关系（李敬涛，2015）。将经济性支出控制在一个合理范围内，使其不影响政府发挥教育、医疗、卫生、安全等其他职能是政府会计信息监督治理的一个重要内容。参考李敬涛（2015）的研究，以财政经济性支出与财政总支出的比值作为衡量地方政府财政支出结构的指标，数据来源于《中国统计年鉴》，并与Wind数据库进行比对补充。该指标越大，说明政府越倾向于发展经济而可能忽视了其他社会福利项目。

适当的政府性债务可以节约财政资源、降低融资成本，促进非国有经济发展，关键问题在于政府性债务的规模应符合经济发展规模，否则将成为威胁金融体系安全的重大隐患（蒋冠、霍强，2014），甚至诱发系统性风险（路军伟等，2010），造成经济市场及政治动荡。国际上对政府债务的衡量来自于世界银行或国际货币基金组织的统计结果，而我国政府会计体系设置问题使得我国政府债务的衡量处于不完备状态，由此目前我国政府债务规模的衡量方法主要有以下两种，一种方法采用审计署发布的《全国政府性债务审计结果》的数据（肖鹏等，2015；马海涛等，2016；潘俊等，2016）；另一种以城投债发行规模或城投债与地区GDP的比值作为政府债务规模的替代变量（刘子怡等，2015；李敬涛，2015）。借鉴布兰查德和施莱弗（Blanchard and Shleifer，2001）的度量方法，以省级地方政府城投债发行额占地区GDP比值的自然对数作为衡量政府债务规模的代理变量，其中地方政府城投债发行额数据来源于Wind数据库，地区GDP数值来源于《中国统计年鉴》。该指标越大，说明该地政府债务规模越大。

目前对于腐败程度的测量主要分两种，一种是以国际透明组织的腐败感知指数（CPI）、世界银行的腐败控制指数（CC）等为代表的基于公民对政府腐败程度的主观判断为依据的主观测量，另一种是以人民检察院每年立案侦查的职务犯罪案件数或人数为基准衡量的。前一种方法主要针对跨国研究，不适用于本研究的样本，因此，参考李春根等（2016）和黄寿峰等（2015）的研究，利用人民检察院每年立案侦查贪污受贿、渎职案件数与公职人员之比进行衡量，并以职务犯罪立案案件数与地区总人口数的比值进行稳健性检验。其中职务犯罪立案案件数数据来自历年《中国检察年

鉴》，公职人数来自于《中国统计年鉴》的公共管理和社会组织就业人数。

2. 解释变量

关于政府会计信息的计量[①]，参照国际实证研究及国内经验研究，结合本研究样本需求（David，2003；程晓佳，2004；刘子怡、陈志斌，2014，2016；李敬涛，2016等），采用上海财经大学设计的财政透明度得分[②]来衡量政府会计信息的披露。以2009～2018年出版的《中国财政透明度报告》中评估的2007～2015年我国31个省份的财政透明度为数据来源，其中2010年的数据以简单插值法计算补充，并统一换算成百分制分数进行衡量。该得分越高，表明该地区政府会计信息披露水平越高，政府会计体系越完善。

3. 控制变量

为控制影响政治治理绩效的其他因素，选取了如下控制变量：（1）财政分权（lnfdr），采用各地区财政收入与中央财政收入比值的自然对数表示财政分权程度，并以地方财政预算支出/同期中央政府财政预算支出的自然对数（lnfdc）作为替代变量进行稳健性检验；（2）财政自给率（gap），以财政自有收入与财政总支出的比重进行衡量，用以控制地方财政自给能力对政治治理效应的影响；（3）地方开放程度（trade），采用地区进出口总额与当地GDP的比值来衡量一地经济开放程度；（4）人口密度（lnden），用各地区总人口数与面积比值的自然对数表示，以控制人口变动对政治治理效应的影响；（5）政府规模（lnbc），采用各省财政支出的自然对数表示，用于控制政府规模对政治治理效果的影响；（6）地方政府竞争程度（sec），第二产业的需求对政府性债务规模及政府支出结构有着重要的影响，一地的固定资产投资

① 财政透明度与政府会计体系的逻辑关系详细分析过程见第3章3.2.3。

② 财政透明度的具体评价体系设计见附录。

需求越大，其政府经济性支出倾向和债务规模也会越大，该指标采用第二产业增加值占比表示，该数值越高，表示地方政府竞争意愿越强烈；（7）城镇化水平（urban），国际经验表明城镇化程度越高，居民参政议政的意识越强烈，越强化政府会计信息对政治治理的作用程度，且城镇化水平直接影响政府支出结构和债务规模，此变量采用各地区非农村人口占总人口的比重衡量。

4.2.3 实证模型

为检验假设4－1，设置如下模型：

$$stru_{it} = \alpha_0 + \alpha_1 ft_{it} + \alpha_2 \ln fdr_{it} + \alpha_3 gap_{it} + \alpha_4 trade_{it} + \alpha_5 \ln den_{it} + \alpha_6 \ln bc_{it} + \alpha_7 \sec_{it} + \alpha_8 urban_{it} + \varepsilon_{it} \quad (4-1)$$

其中，主要关注 α_1 的符号和显著程度，如果其显著为负，则初步说明政府会计信息披露对地方政府经济性支出具有抑制作用，假设4－1成立。

为检验假设4－2，设置如下模型：

$$\mathrm{debt}_{it} = \alpha_0 + \alpha_1 ft_{it} + \alpha_2 \ln fdr_{it} + \alpha_3 gap_{it} + \alpha_4 trade_{it} + \alpha_5 \ln den_{it} + \alpha_6 \ln bc_{it} + \alpha_7 \sec_{it} + \alpha_8 urban_{it} + \varepsilon_{it} \quad (4-2)$$

其中，主要关注 α_1 的符号和显著程度，如果其显著为负，则初步说明政府会计信息披露对地方财政债务规模具有抑制作用，假设4－2成立。

为检验假设4－3，设置如下模型：

$$\mathrm{corr}_{it} = \alpha_0 + \alpha_1 ft_{it} + \alpha_2 \ln fdr_{it} + \alpha_3 gap_{it} + \alpha_4 trade_{it} + \alpha_5 \ln den_{it} + \alpha_6 \ln bc_{it} + \alpha_7 \sec_{it} + \alpha_8 urban_{it} + \varepsilon_{it} \quad (4-3)$$

其中，主要关注 α_1 的符号和显著程度，如果其显著为负，则初步说明政府会计信息对地方政府的腐败程度具有一定的抑制作用，假设4－3成立。

4.3　实证检验与结果分析

4.3.1　描述性统计与相关性分析

表4-2反映了样本期间主要变量的描述性统计结果。可以看出，政府支出结构（stru）的均值为0.37，证明我国政府经济性支出规模平均来看占财政总支出的37%，考虑到政府的安全、卫生、教育等多种受托责任，笔者认为该支出比重偏大。政府城投债（lndebt）占地方GDP比重的自然对数的均值为-0.35；政府债务余额（debt）占地方GDP的均值为4.98，说明总体来看我国政府地方债务融资平台的举债规模大于经济发展规模，有债务崩盘的风险；腐败水平（corr）均值为0.28，表明每万个公职人员中有0.28个发生腐败行为的可能。我国政府会计披露水平（ft）的均值为32.15，表明目前政府会计信息披露水平并不高，且中位数27.41小于均值，说明多半省份的披露水平偏低。其他变量分别反映了不同省份的政府规模、资源禀赋、市场环境等特征，财政分权（lnfdr）标准差为1.00，财政自给率（gap）标准差为2.24，地区开放度（trade）标准差为0.06，人口密度（lnden）标准差为0.48，政府规模（lnbc）标准差为0.74，第二产业增加值占比（sec）标准差为8.58，城镇化率（urban）标准差为14.42，可见各变量存在一定差异，均有可能对政府会计的治理效果产生影响。

表4-2　主要变量描述性统计

变量	样本量	均值	中位数	最小值	最大值	标准差
stru	279	0.37	0.38	0.16	0.62	0.06
debt	279	4.98	0.67	0.00	103.87	14.03
lndebt	279	-0.35	-0.34	-9.14	4.64	2.24

续表

变量	样本量	均值	中位数	最小值	最大值	标准差
corr	279	0. 28	0. 26	0. 10	1. 03	0. 10
ft	279	32. 15	27. 41	11. 52	77. 7	13. 66
lnfdr	279	-3. 80	-3. 65	-7. 23	-2. 00	1. 00
gap	279	-1. 64	-1. 23	-15. 53	-0. 05	2. 24
trade	279	0. 05	0. 02	0. 01	0. 24	0. 06
lnden	279	7. 80	7. 82	6. 24	8. 69	0. 48
lnbc	279	7. 75	7. 90	5. 49	9. 46	0. 74
sec	279	46. 73	48. 70	15. 60	61. 50	8. 58
urban	279	52. 00	49. 99	21. 50	89. 60	14. 42

表4-3报告了主要变量的相关系数矩阵，利用方差膨胀因子方法诊断，模型中变量的VIF值均不超过5，可拒绝多重共线性的问题。相关系数矩阵显示，政府支出结构、债务规模和腐败程度均与财政透明度呈正相关关系。假设目前没有得到支持，后续将进一步控制其他变量，对研究假设进行检验。

表4-3　　主要变量的相关系数矩阵

变量	stru	lndebt	corr	ft	lnfdr	gap	trade	lnden	lnbc	sec	urban
stru	1. 000										
lndebt	-0. 6002***	1. 000									
corr	0. 01364**	-0. 22338***	1. 000								
ft	0. 0825*	0. 0123**	0. 0606*	1. 000							
lnfdr	-0. 4929***	0. 5423***	-0. 2087***	0. 1560***	1. 000						
gap	-0. 6397***	0. 5951***	-0. 0372	0. 1112*	0. 7908***	1. 000					
trade	-0. 4009***	0. 6009***	-0. 3121***	0. 0368	0. 5201***	0. 3230***	1. 000				
lnden	-0. 0368	-0. 0647	0. 0207	0. 0382	0. 1184**	0. 1614***	-0. 0925	1. 000			
lnbc	-0. 0493	0. 1614***	-0. 0755	0. 3762***	0. 8105***	0. 4674***	0. 2726***	0. 1909***	1. 000		
sec	-0. 1121*	-0. 2612***	0. 1579***	-0. 1452**	0. 1835***	0. 2174***	-0. 3125***	0. 1429**	0. 1445**	1. 000	
urban	-0. 5536***	0. 5631***	-0. 1185**	0. 1772**	0. 5927***	0. 5555***	0. 7903***	-0. 0998*	0. 3833***	-0. 1151*	1. 000

注：***、**、*分别表示1%、5%、10%的显著性水平。

4.3.2　实证结果分析

实证结果分析采用的数据为平衡面板数据，为实证检验政府会计信息的政治治理效应的结果，先进行静态层面的分析与讨论。静态面板数据模型主要分为固定效应模型和随机效应模型，从 Hausman 检验的结果来看，三个模型对应的 chi2 值分别为 28.31、165.37 和 45.08，对应的 p 值分别为 0.0016、0.0000 和 0.0000，均在 1% 水平下拒绝了随机模型，因此采用双向固定效应模型（Two-way FE）进行估计。为消除模型误差项的自相关性，同时给出了混合最小二乘法（Pooled OLS）的回归结果，具体结果如表 4－4 所示。

表 4－4　政府会计信息的政治治理效应的实证检验结果

变量	(1)		(2)		(3)	
	FE	OLS	FE	OLS	FE	OLS
ft	－0.0014 ** (0.049)	－0.0007 * (0.060)	－0.0060 (0.177)	－0.0088 (0.255)	－0.0008 ** (0.050)	－0.0003 * (0.058)
lnfdr	－0.0958 * (0.087)	－0.2260 *** (0.000)	1.4050 (0.135)	3.0185 *** (0.000)	－0.0941 * (0.060)	－0.1086 *** (0.000)
gap	0.0072 (0.512)	0.0100 * (0.092)	0.3150 (0.189)	－0.1130 (0.330)	0.1000 *** (0.000)	0.0222 *** (0.000)
trade	0.4717 (0.268)	1.2033 *** (0.000)	－4.7654 (0.498)	－5.4888 (0.123)	－0.1313 (0.730)	－0.2969 (0.202)
lnden	－0.0295 (0.297)	－0.0457 *** (0.000)	0.2848 (0.584)	1.0526 *** (0.000)	0.0868 *** (0.001)	－0.0107 (0.393)
lnbc	0.2621 *** (0.000)	0.2565 *** (0.000)	－2.0791 *** (0.000)	－2.7681 *** (0.000)	0.0540 * (0.054)	0.0745 *** (0.000)
sec	0.0032 *** (0.007)	0.0004 (0.555)	－0.0423 ** (0.026)	－0.0755 *** (0.000)	0.0004 (0.730)	0.0017 ** (0.033)
urban	－0.010 *** (0.007)	－0.0063 *** (0.000)	0.0158 (0.788)	0.0516 *** (0.000)	0.0028 (0.359)	0.0013 (0.107)

续表

变量	(1)		(2)		(3)	
	FE	OLS	FE	OLS	FE	OLS
constant	-1.1254	-1.5692	20.3649	24.8835	-1.1393	-0.7154
时间因素	Control	—	Control	—	Control	—
地方因素	Control	—	Control	—	Control	—
N	279	279	279	279	279	279
adj-R^2	0.5213	0.6947	0.4783	0.6470	0.4647	0.3472
F	32.67	80.09	20.27	63.32	26.04	29.21

注：***、** 和 * 分别表示在1%、5%和10%水平上显著，括号内的数据为p值。

本书主要关注政府会计信息披露水平的回归结果。从回归结果来看，表4-4列（1）中，财政透明度的系数在两种回归模式中均为负（分别为-0.0014和-0.0007），且在10%水平下显著，这表明政府会计信息披露在一定程度上抑制了政府经济性支出的倾向。以双向固定效应模型回归结果为例，如果省级财政透明度得分每提高1个单位，则省级经济性支出规模减小约0.14%。以2015年省级政府支出数据计算，若省级财政透明度得分提升1个单位，则平均减少经济性支出2.6062亿元。根据表4-2的描述性统计可知，中国目前省级财政透明度均值仅为32.15，提升财政透明度的空间很大，这对减少政府经济性支出意义重大。其他控制变量：财政分权程度、人口密度和城镇化率与支出结构呈稳定的负向关系，财政支出规模、财政自给率、第二产业增加值占比与支出结构正向相关。列（2）中，财政透明度的系数均未呈现统计意义上的显著为正或负，说明政府会计信息披露水平与政府债务规模的关系有待进一步检验。其中，财政支出规模、第二产业发展程度与政府债务呈显著的负向相关关系，财政分权程度、城镇化率与政府债务呈正向相关关系，其他影响因素的作用机制需进一步探讨。列（3）显示，财政透明度的系数均在10%水平下显著为负，表明财政透明度与政府腐败程度呈负向关系。控制变量中，财政自给率、财政支出规模、第二产业发展程度都与政府腐败程度正向相关，而财政分权程度显示出与腐败程度负向相关的结果。

由此，无论采用固定效应模型还是混合 OLS 回归，政府会计信息披露均与财政支出结构和政府腐败程度呈负向关系，实证结果表明提高政府会计信息披露水平可以在一定程度上降低政府经济性支出倾向和降低政府腐败可能性，假设 4－1、假设 4－3 基本得到证实，政府会计信息与政府债务规模的关系有待进一步探讨。

4.4　进一步检验与稳健性检验

4.4.1　进一步检验

考虑我国幅员辽阔，各区域经济发展战略性、政策法规等的巨大差异，不同区域的政治环境差异对政府会计信息发挥治理职能的过程影响较大，将政府省级区域划分为东部、中部和西部①三个区域，进一步分析政府会计信息披露水平对政治治理的作用。根据 Hausman 检验拒绝了随机效应模型，此处依旧采用双向固定效应模型进行回归，结果如表 4－5 所示。

表 4－5　　分区域政府会计信息的政治治理效应的实证结果

变量	(1)			(2)			(3)		
	东部	中部	西部	东部	中部	西部	东部	中部	西部
ft	－0.0007* (0.059)	－0.0008** (0.030)	0.0001 (0.773)	－0.0061* (0.072)	0.0294** (0.010)	－0.0191 (0.218)	－0.0007* (0.074)	－0.0007 (0.412)	0.0006 (0.200)
lnfdr	－0.1118** (0.043)	－0.0811** (0.050)	－0.0961*** (0.000)	2.9062*** (0.000)	11.1449*** (0.001)	3.8746*** (0.000)	－0.0615** (0.026)	0.0326 (0.688)	－0.1877*** (0.000)
gap	0.0068 (0.870)	0.0052 (0.787)	0.0041 (0.464)	－0.5517 (0.432)	－4.9975*** (0.001)	－0.2200 (0.196)	－0.0258 (0.379)	0.0116 (0.756)	0.0941*** (0.000)

① 我国 31 个省级政府中，东部地区包括北京、天津、河北、辽宁、上海、江苏、浙江、福建、山东、广东和海南 11 个省份；中部地区有 8 个省级行政区，分别是山西、吉林、黑龙江、安徽、江西、河南、湖北和湖南；西部地区包括四川、重庆、云南、西藏、陕西、甘肃、青海、宁夏、新疆、广西和内蒙古等 12 个省级行政区。

续表

变量	(1)			(2)			(3)		
	东部	中部	西部	东部	中部	西部	东部	中部	西部
trade	0.1832 (0.504)	0.7315 (0.356)	-0.1800 (0.702)	5.4023 (0.205)	70.7493** (0.037)	7.3996 (0.598)	-0.0967 (0.630)	-2.8133* (0.077)	-1.9636*** (0.000)
lnden	0.0144 (0.737)	-0.0041 (0.728)	0.0003 (0.697)	1.1417** (0.011)	0.9674 (0.374)	0.5512 (0.111)	-0.0903*** (0.000)	0.0316 (0.190)	0.0347*** (0.005)
lnbc	0.1265*** (0.000)	0.1176*** (0.000)	0.1107*** (0.000)	-2.5796*** (0.000)	-5.4497*** (0.000)	-3.0859 (0.000)	0.0118 (0.560)	-0.0638 (0.172)	0.1020*** (0.000)
sec	-0.0011 (0.422)	0.001 (0.704)	0.0009 (0.335)	-0.0770*** (0.000)	-0.0751** (0.013)	-0.0134 (0.676)	0.0048 (0.000)	0.0024 (0.141)	-0.0009 (0.397)
urban	-0.0036 (0.160)	-0.0009 (0.440)	-0.0013 (0.295)	0.0246 (0.110)	-0.0524 (0.626)	0.0117 (0.733)	0.0025*** (0.000)	0.0116*** (0.000)	-1.3707*** (0.000)
constant	-0.8318	-0.7760	-0.8275	22.2793	73.6473	32.9805	0.2458	0.0737	-1.3707
时间因素	Control	Control	Control	Control	Control	Control	Control	Control	Control
地方因素	Control	Control	Control	Control	Control	Control	Control	Control	Control
N	99	72	108	99	72	108	99	72	108
adj-R^2	0.5299	0.6016	0.6836	0.7389	0.4755	0.6092	0.5399	0.4257	0.5011
F	11.27	13.98	18.86	35.66	6.35	20.68	15.20	5.84	14.43

根据分区域回归的结果，政府会计信息对经济性支出的抑制作用如表4-5列（1）所示，在东部、中部地区统计意义上得到证实，西部地区并未证实；列（2）中对政府债务的影响，东部地区在10%水平下显著为负，中部地区政府会计信息对政府债务规模的影响在5%水平下显著为正，说明地方政府会计信息透明度越高，政府债务规模越大，西部地区未证实；而列（3）显示对腐败的抑制作用在东部地区被证实，而中部和西部地区结论并不支持假设。通过上述回归结果表明，我国政府会计信息披露水平在各区域间并不协同，政府会计信息对政治治理的发挥作用的程度也不尽相同。从总体来看，我国东部地区的政府会计信息治理效果明显优于中部和西部地区，分区域的统计结果也支持东部地区平均财政透明度分值最高（东部、中部和西部地区的财政透明度均值分别是34.50、32.28和29.92），且经济发展状况好于其他地区，东部地区公众对政府会计信息的需求和关注度也相对较高，形成了有效的监督力量。

也可以说，在东部地区，政府会计信息的治理职能的作用路径是有效的，且治理效果优于其他地区。

上述实证回归结果显示，地区间政府会计信息的治理效应是存在差异的。从地区间政府会计信息披露程度的平均水平来看，东部地区高于其他地区，西部地区作为信息披露程度最低的地区，其治理效应也是最不理想的。由此带来的思考有以下几点，首先，东部地区信息披露程度最高，其治理效应也最为显著，总体上证实了我国政府会计信息的确存在政治治理职能，应继续提升政府会计信息披露水平，以更大程度发挥其治理效应。其次，西部地区的信息披露水平过低，本身信息含量过少，这可能是政府会计信息无法起到治理作用的原因之一，无法发挥信息公开的监督作用及评价依据作用。这也或许是中部地区在整体上处于信息披露中层水平，且政府会计信息治理局部发挥作用的原因，即披露出来的信息本身缺失信号，导致其发挥治理职能时无法作用于未披露信息的环节。最后，政府会计的信息公布于众后，信息使用者本身的理解能力及信息处理水平也会对信息的治理效应发挥产生影响，即政治治理主体的信息解读能力直接影响政府会计信息的政治治理职能的发挥。就政治治理而言，政府会计信息的需求者即当地的居民、社会组织及政府官员等，一地居民的政府会计信息认知水平和技能是影响政府会计发挥治理职能的重要影响因素。经验证据显示，在人均收入和教育水平越高的地区，居民的政治参与和法治意识越高，也更能够维护自己的合法权益，对政府会计信息的需求度也越高（Glaeser and Saks，2006）。因此，从地区居民的受教育程度入手，进一步研究政府会计信息的政治治理作用。以人均教育支出均值为衡量标准，将总体样本分为高于均值和低于均值的两组，其中高于均值组视作受教育水平高组，低于均值视作受教育水平低组，并对三个模型分别分组进行估计，固定效应模型的实证结果如表4－6所示。

表 4-6　　分教育水平政府会计的政治治理效应的实证结果

变量	(1)		(2)		(3)	
	教育水平高	教育水平低	教育水平高	教育水平低	教育水平高	教育水平低
ft	-0.0001 (0.833)	-0.0006*** (0.006)	-0.0029* (0.084)	-0.0141 (0.122)	-0.0023** (0.027)	0.0001 (0.607)
lnfdr	-0.1542*** (0.003)	-0.1599*** (0.000)	3.1106*** (0.000)	3.6703*** (0.000)	-0.0763 (0.507)	0.0336 (0.527)
gap	0.0101 (0.197)	0.0487 (0.000)	-0.0629 (0.638)	-1.1847*** (0.001)	0.1028*** (0.000)	0.0301 (0.185)
trade	-0.1126 (0.739)	0.4264** (0.043)	0.2671 (0.955)	-1.0041 (0.871)	-0.8826 (0.243)	-0.7288* (0.086)
lnden	0.0174 (0.446)	-0.0101 (0.293)	0.7052** (0.020)	1.0502*** (0.000)	0.1006* (0.051)	0.0747*** (0.002)
lnbc	0.1092*** (0.000)	0.1481*** (0.000)	-2.7248*** (0.000)	-3.3314 (0.000)	0.0415 (0.476)	0.0136 (0.657)
sec	0.0007 (0.628)	0.0008* (0.088)	-0.0830*** (0.000)	-0.0709** (0.000)	0.0069** (0.044)	-0.0013 (0.049)
urban	0.0001 (0.981)	-0.0022*** (0.004)	0.0206 (0.207)	0.1267*** (0.000)	0.0071 (0.308)	0.0002 (0.940)
constant	-1.1976	-1.1635	28.7472	26.9463	-1.4844	-0.1778
时间因素	Control	Control	Control	Control	Control	Control
地方因素	Control	Control	Control	Control	Control	Control
N	104	175	104	175	104	175
adj-R^2	0.4911	0.6339	0.8377	0.4008	0.5592	0.3323
F	6.42	30.95	63.56	15.55	13.00	8.90

从回归结果来看，居民的受教育水平是影响政府会计信息治理职能发挥效果的重要因素，且对政府会计信息各治理效应的作用路径不尽相同。根据回归结果，政府会计信息对经济性支出的抑制作用在受教育低组统计上显著成立，而在教育水平高组中并没有通过统计性检验。这表明，目前教育水平成为了政府会计信息系统在纠正政府财政支出方向的替代制度，当教育水平受限时，提高财政信息透明度可以有效限制政府的经济性支出倾向。与之相反的是政府会计信息对政府债务规模及腐败

的治理作用，教育水平高组的系数分别在10%和5%水平下显著为负，说明在教育水平高的组别中，政府会计信息对抑制政府债务规模和腐败的作用得到证实，而教育水平低组未通过实证检验，这表明通过政府会计信息控制政府债务规模、识别地方政府的腐败行为需具备较高的认知水平和知识能力，方能发挥政府会计信息的腐败治理作用，对政府会计信息使用者的知识水平提出更高要求，这也体现了外部监督对政府行为的治理作用之大。在政治治理体系构建的过程中应充分重视外部监督的治理作用，提高政府会计信息披露水平正是给社会公民发挥监督和约束作用的基础和途径。另外，政府会计信息的定向内容披露有待加强，这也是在个别组别中政府会计信息未能发挥应有的治理作用的主要原因，如政府资产、债务等信息的普遍缺失引起的抑制政府负债规模的作用乏力。

4.4.2　稳健性检验

根据前文的论述，政府会计披露水平的提升能够提高政治治理能力，但同时政治治理能力的增强也会带来会计信息透明度的增加以向公众显示政府当局较强的治理能力，这可能会导致结果的偏差。据此，分别以政府经济性支出与非经济性支出的比值、政府债务与地区人口的比值、职务犯罪立案案件数与地区总人口数的比值作为新的被解释变量进行稳健性检验，将财政透明度得分取对数，同时采用支出分权的自然对数替代收入分权数据作为衡量财政分权的指标以检验相关结论的稳健性，结果在表4-7列示。与此同时，采用系统GMM估计方法进行检验，回归结果通过STATA 14.0软件计算实现。表4-7按照工具变量固定效应模型和系统GMM估计方法分别给出了三个模型的回归结果，从结果来看，财政透明度的自然对数仍呈不同显著性水平下的负向相关关系，说明假设的结论是稳健的，应肯定政府会计信息在纠正经济性财政支出倾向、抑制债务规模增长和降低腐败行为的治理作用。

表 4-7　政府会计信息的政治治理效应的稳健性检验

变量	IV-FE			GMM		
	(1)	(2)	(3)	(1)	(2)	(3)
l. yi	— —	— —	— —	0.5125 *** (0.000)	0.7074 *** (0.000)	0.7853 *** (0.000)
lnft	-0.0306 * (0.092)	-0.2786 (0.184)	-0.4663 * (0.094)	-0.0003 * (0.098)	-0.0049 * (0.087)	-0.0006 ** (0.053)
lnfdc	-0.3419 *** (0.000)	-4.1335 *** (0.004)	-7.6310 * (0.091)	-0.0339 ** (0.018)	-0.9205 (0.243)	-0.0880 *** (0.000)
gap	-0.0256 *** (0.000)	0.3703 ** (0.018)	2.2066 *** (0.000)	0.0022 (0.439)	0.4163 *** (0.000)	0.0155 *** (0.006)
trade	0.7574 *** (0.001)	11.8833 ** (0.035)	8.5585 (0.715)	0.1252 (0.242)	-0.0103 (0.997)	0.3444 * (0.094)
lnden	-0.0260 ** (0.039)	0.0493 (0.902)	3.8484 ** (0.013)	-0.0043 (0.416)	0.2120 (0.214)	-0.0116 (0.272)
lnbc	0.3496 *** (0.000)	2.9471 *** (0.001)	1.0818 (0.729)	0.0398 *** (0.005)	0.7782 (0.245)	0.0738 *** (0.000)
sec	0.0006 (0.500)	0.0322 * (0.062)	0.0577 (0.415)	-0.0003 (0.381)	-0.0251 ** (0.032)	0.0006 (0.357)
urban	-0.0074 *** (0.000)	-0.0389 (0.422)	0.2009 (0.280)	-0.0010 *** (0.006)	0.0110 (0.394)	-0.0008 (0.250)
constant	-2.1774	-28.3548	-37.9283	0.2948	-8.7318	-0.7139
时间因素	Control	Control	Control	—	—	—
地方因素	Control	Control	Control	—	—	—
N	279	279	279	248	248	248
adj-R^2	0.6583	0.4926	0.1737	—	—	—
F	65.02	14.69	6.31	—	—	—

系统 GMM 回归结果显示，三种政府经济行为的滞后变量系数均显著为正，说明无论是政府的经济性支出结构、政府债务规模还是政府腐败行为，均具有一定的惯性，呈前后期连续趋势。从理论上说，政府官员的行为异化主要是通过职能活动实现的，而每一项职能的活动均离不开财政资源的流动（郭剑鸣，2011）。回归结果显示三个模型的财政透明度

系数依然为负，说明政府会计信息对政府不利于社会公民利益最大化的经济行为异化的确起到了抑制作用，政府会计信息通过记录监督财政资源的流动及配置情况可以实现监控抑制政府异化行为的发生，是政治治理现代化建设的有力信息及技术支撑。

4.5　本章小结

政治治理是国家治理体系构建的基础和核心，是国家实现善治的重要保障，其治理的核心是财政资源的有效配置和公共权力的合理运行。政府会计的天然核算和监督职能耦合政治治理目标，其对财政资源的计量和记录更是治理工作的基础和技术性支持，因此政府会计成为政治治理中不可或缺的重要支柱性治理机制。根据国际经验及理论分析，政府会计需要通过政府预算、财务及管理会计各子系统的不同职能发挥实现政治治理能力的提升，完善的政府会计体系能更加全面地发挥会计在组织中的各项治理目标。

为检验目前我国政府会计在政治治理体系中发挥的作用程度，笔者在本章运用2007～2015年省级政府数据进行实证检验时结果显示，即使以预算会计为主的政府会计体系依旧可以部分发挥政府会计的治理职能，具体体现在对政府经济性支出规模的限制、对政府债务规模的控制和对腐败可能性的抑制方面，但是其统计显著性并不总是乐观的。进一步检验显示我国东部地区政府会计信息在政治治理方面发挥的作用最佳，优于中部地区和西部地区，这说明当经济发展到一定程度时，政府会计信息的治理作用将显著凸显；教育水平高的地区政府会计信息的腐败防治治理效果显著优于教育水平低的地区，同时政府会计信息披露机制在教育水平较低的地区起到纠正经济性财政支出的替代制度。信息效应的发挥很大程度上受信息需求者的认知水平和技术能力的影响，受教育水平越高说明信息使用者对政府会计信息的解读能力越强，越能从财务信息中发现政府运用公共资源和公共权力过程中的合理性和有效性问题，越能起到监督作用，政府会计信息的治理职能越显著。实证结果基本支持“政府会计作为综合反映政府经济活动及财务状况的信息系统，其治理职能贯穿于政治治理的各个层面”这一结论，是有效提高政治治理能力的制度，但由于其本身体系的不完善，导致治理职能发挥的作用受限，完善政府会计体系应成为建设政治治理能力的重要工作。此外，实证检验的结果还为我国公民监督政府公权行为提供了数据支撑，证实公民的监督职能发挥有助于纠正政府偏离社会福利最大化行为的作用，为后续开展政府信息公开工作提供现实依据。

政府会计信息的经济、生态治理效应实证研究

5.1 政府会计信息的经济治理效应实证研究

5.1.1 理论分析与研究假设

1. 政府会计信息对经济发展的促进作用

首先，市场经济的逻辑表明，市场经济的发展需要好的政治支持，具体表现为治理体系和治理能力的构建与形成，并经由规制的途径实现，因此政府自身的治理能力和政府的财政资源配置能力都将对市场经济产生重大影响。“大政府小社会”的体制特征使得对于地方政府的治理能力与经济发展水平之间关系的研究变得尤其重要，中国地方经济增长的重要推手是政府，政府财政的透明运作是经济良性发展的基础（张树剑，2016）。一个财政透明度高的地方政府应该被认为是受良好监督和高效的政府。人民真正对政府最大的监督应当是财政的监督，而监督的前提是财政的透明（晏晨晖，2006）。当政府承担了经济体系的责任，无法使其

政策和方案与社会经济体系的价值与规范相一致时，合法性困难就出现了。会计的核心价值在于维系人类社会的相互信任（刘峰和葛家澍，2012），社会契约理论认为国家和政府的一切权力来自公民与公民之间的契约，权力行使的目的是为保障社会全体成员的公共利益，人民与政府之间的本质是委托代理关系，政府财务信息是最为直接且全面地反映公共资源使用情况的信息，也是政府与经济社会沟通的重要信息制度之一，可以有效反映政府解脱公共受托责任情况（常丽，2008）。

政府会计作为反映政府经济活动的信息系统，具有天然的防治腐败及监督政府经济行为的职能，是提高政治治理水平，提供高效、高水平服务的重要制度设置。因此，及时透明的政府财务信息披露行为被视作高效廉洁政府的表现，政府财务信息披露水平被认为是衡量政治治理水平的一种指标，因此可以推断出，地区政府财务信息披露水平越高越能给予市场更好地政治支持，地区经济发展越好。

较好地政府会计信息披露能够进一步满足利益相关者的信息诉求。政府会计信息有助于全面反映政府行政的运行状况，提高宏观经济决策和公共管理的科学性。政府提供的财务状况等信息也满足信息使用者对政府职能综合评价的诉求，同时，在处于经济转轨阶段的中国，政府与社会资本合作项目的推进就是来自市场的关键介入因素。政府在经济治理领域的职能发挥离不开财政资金的支持和投入，使得政府会计信息披露有助于促进财政预算资源分配决策的准确性，提高公民积极参与和广泛监督预算决策过程。此外，地方政府融资平台也为市场经济发展带来很多有待解决的问题，这些问题不利于经济增长。而有效的政府会计信息披露能够有效提升财政透明度，加强经济治理能力。

政府在经济治理领域的职能发挥离不开财政资金的支持和投入，财政信息的真实可靠、公开透明，有助于促进财政预算资源分配决策的准确、精密，提高决策和管理质量，有助于提高公民积极参与、广泛监督预算决策过程，促进经济社会健康发展，共同应对公共经济风险。我国在经济发展过程中政府参与过多，地方政府融资平台也为市场经济发展带来很多有待解决的问题，这些制度遗留问题极不完备，导致政府不得不买单最终的市场风险，因此我国的财政资金状况对于经济稳定有着“底线守护”的重要作用。财政是经济稳定发展的最后一道防线，地方财政的资产及负债状况直接关系到一地的经济风险承受能力，政府会计信息全面系统披露财政资金使用情况，以提升经济治理能力。据此，提出第一个假设。

假设5－1：政府会计信息披露会促进经济发展，即一地的政府财政透明度越高，经济发展状况越好。

2. 政府会计对经济风险的抑制作用

经济治理体系基于公共经济风险，地方政府以直接投资与发行政府债券等方式作用于市场经济，而由政府积极投入的项目则因其低风险的特征引起社会资本的蜂拥追随。政府在参与市场经济发展的过程中形成了债务，政府性债务对经济发展一方面促进了金融市场的发展，另一方面由于政府官员的异化行为引起的非理性膨胀，导致债务规模大于财政承受能力，出现债务违约，直接威胁银行、信托等金融体系的安全运行，情况严重时可能会诱发系统性风险（路军伟等，2010）。在市场经济体制下，当个体经济风险的累积或连锁反应达到一定程度时，宏观经济均衡会遭到破坏。当市场化解不了上述经济风险时，需要政府借助经济治理进行化解；而政府会计有助于提升财政透明度，会有助于化解经济风险。

政府债务引起的经济风险波及面及严重性远大于个体经济风险，直接危及地方经济健康发展。政府性债务对经济发展尽管会促进金融市场的发展，但也会因政府官员的异化行为引起的非理性膨胀导致债务规模超出财政承受能力而出现债务违约，直接威胁金融体系的安全运行，甚至会诱发系统性风险。合理控制政府性债务规模对政府更好地履行经济社会责任具有重要意义。研究显示，我国政府性债务对金融体系的安全影响呈显著的"U"型特征，阈值为2010年的64.6960万亿元（蒋冠和霍强，2014）。在达到阈值之前，政府性债务规模扩大有利于金融体系的安全和经济发展，阈值之后的债务规模扩大将威胁金融体系安全和经济健康发展。因此，恰当的债务规模控制是政府债务风险预警机制建立的目标，减少政府债务风险。信息公开是一种特殊的权力控制机制，财政透明能够强化权力监督，政府财政透明度的提高可以使其收支情况得到及时披露，还可以使政府的各种承诺如贷款担保、汇率担保、存款保险等在财政报告中呈现出来。

此外，政府会计信息披露行为是一种行为选择的结果，更深层次上是地方政府及其官员行为动机的体现（刘子怡，2015）。伯诺斯和沃尔夫（Bernoth and Wolff，2008）发现，较高的财政透明度和信息公开能够抑制财政风险滋生。透明、清晰、高效地政府会计体系能有效预防和抑制政府官员的异化行为，提高政府盲目扩大债务规模的执行成本，从而减少政府债务风险对经济发展的抑制作用。因此，政府财务信息披露水平，即财政透明度的提高，可以降低地方政府债务融资的风险，防止政府债务规模膨胀引起的系统性风险。据此，提出接下来的两个假设。

假设5-2：政府会计信息披露抑制经济风险水平，即一地的政府财政透明度越高，地方债务经济风险越小。

假设5-3：政府会计信息披露能在一定程度上抑制政府债务风险对经济发展的负向作用，即财政透明度越高，政府债务规模对经济发展的抑制作用越弱。

5.1.2 研究样本与变量设置

1. 研究样本与数据来源

主要变量设置及说明如表5-1所示，实证检验过程使用STATA 14.0进行操作。

表5-1　　主要变量设置说明

变量类型	变量名称	变量说明
被解释变量	经济发展水平	地方人均GDP（pgdp）
	经济风险水平	地方政府城投债余额与GDP比值的自然对数（lndebt）
解释变量	政府会计信息披露	以百分制换算的财政透明度得分（ft）
控制变量	财政分权	地方财政预算收入与中央财政预算收入比的自然对数（lnfd）
	地方政府竞争	第二产业增加值占比（sec）
	地区开放程度	人均外商投资总额（pfdi）
	财政支出规模	政府预算财政支出总额的自然对数（lnbu）
	人口密度	地区人口总数与面积比的自然对数（lnden）
	城镇化程度	地区非农人口数占人口总数的比重（urban）

2. 变量设置

（1）被解释变量。

将经济治理分为经济发展和经济风险防控两方面进行衡量。经济发展水平采用地区人均GDP为指标，数据来源于《中国统计年鉴》。经济发展水平数值越高，说明地区经济越发展。公共经济风险是经济治理的着力点，债务规模与经济风险如影相随，目前我国政府会计无法及时、充分地反映政府实际的举债状况，大量隐性债务无法准确测度，给地方金融环境和市场经济带来巨大威胁。因此，借鉴布兰查德和施莱弗（Blanchard and Shleifer，2001）的度量方法，以省级地方政府城投债余额与GDP比值的自然对数作为一地经济风险的代理变量，该指标越大，说明该地区经济风险水平越高，经济风险越大。

（2）解释变量。

如前所述，财政透明度表示政府会计信息向社会公众公布的程度。数据来源于上财课题组出版的《中国财政透明度报告》中各省份的财政透明度，该指数越高，表明该地区会计信息披露水平越高。

（3）控制变量。

为控制影响经济治理绩效的其他因素，选取了如下控制变量：（1）财政分权（lnfd），采用各地区财政预算收入与中央财政预算收入的比值表示财政分权程度，并以地方财政支出/同期中央政府财政支出的自然对数作为替代变量进行稳健性检验；（2）地方政府竞争程度（sec），采用第二产业增加值占比表示，该数值越高，表示地方政府竞争意愿越强烈；（3）外商直接投资（fdi），采用外商直接投资额与地方人口数的比值来衡量一地经济开放程度；（4）政府规模（lnbu），采用各省财政支出的自然对数表示，用于控制政府规模对经济增长和政府债务引起的经济风险的影响；（5）人口密度（lnden），用各地区总人口数与面积比值的自然对数表示，以控制人口变动对经济发展和经济风险的影响；（6）城镇化水平（urban），采用各地区非农村人口占总人口的比重衡量。国际经验表明，城镇化程度越高，居民参政议政的意识越强烈，人们越强化政府会计信息对经济治理的作用程度。

3. 实证模型

为验证假设5－1，设置如下模型：

$$\begin{aligned}\mathrm{pgdp}_{it} = {} & \alpha_0 + \alpha_1 ft_{it} + \alpha_2 \ln \mathrm{debt}_{it} + \alpha_3 \ln fd_{it} + \alpha_4 \sec_{it} + \alpha_5 pfdi_{it} + \\ & \alpha_6 \ln bu_{it} + \alpha_7 \ln den_{it} + \alpha_8 urban_{it} + \varepsilon_{it}\end{aligned} \quad (5-1)$$

为检验假设5－2和假设5－3，分别设置如下模型：

$$\begin{aligned}\ln\mathrm{debt}_{it} = {} & \beta_0 + \beta_1 ft_{it} + \beta_2 \ln fd_{it} + \beta_3 \sec_{it} + \beta_4 pfdi_{it} + \beta_5 \ln bu_{it} + \\ & \beta_6 \ln den_{it} + \beta_7 urban_{it} + \varepsilon_{it}\end{aligned} \quad (5-2)$$

$$\begin{aligned}\mathrm{pgdp}_{it} = {} & \varphi_0 + \varphi_1 c\_ft_{it} + \varphi_2 c\_\mathrm{debt}_{it} + \varphi_3 ft \times debt_{it} + \varphi_4 \ln fd_{it} + \varphi_5 \sec_{it} + \\ & \varphi_6 pfdi_{it} + \varphi_7 \ln bu_{it} + \varphi_8 \ln den_{it} + \varphi_9 urban_{it} + \varepsilon_{it}\end{aligned} \quad (5-3)$$

5.1.3 实证检验与结果分析

1. 描述性统计与相关性分析

表5－2反映了样本期间主要变量的描述性统计结果。可以看出，经

济发展水平的均值为3.88，最小值与最大值差距较大，说明我国不同省份的经济发展水平差异显著；财政透明度的均值为32.15，中位数为27.41，说明未达到我国平均财政透明度水平的省份居多，普遍地区财政透明度偏低，标准差显示省份间财政透明度差异较大，不同省份披露政府财务信息的行为迥异；经济风险水平的最小值为0，因为样本期间有些省份尚未发行地方城投债，最大值为103.87（见表4－2），说明某些地区的城投债规模远高于地方经济发展规模，未来偿债压力巨大，对一地的经济健康发展造成很大威胁，标准差为2.24，表明不同年度不同地区的经济风险差异显著。

表5－2　　　　主要变量描述性统计

变量	样本量	均值	中位数	最小值	最大值	标准差
pgdp	279	3.88	3.34	0.79	10.69	2.22
lndebt	279	-0.35	-0.34	-9.14	4.64	2.24
ft	279	32.15	27.41	11.52	77.7	13.66
lnfd	279	-3.80	-3.65	-7.23	-2.00	1.00
sec	279	46.73	48.70	15.60	61.50	8.58
pfdi	279	0.25	0.083	0.01	2.74	0.39
lnbu	279	7.75	7.90	5.49	9.46	0.74
lnden	279	7.80	7.82	6.24	8.69	0.48
urban	279	52.00	49.99	21.50	89.60	14.42

表5－3报告了主要变量的相关系数矩阵，结果显示人均GDP与财政透明度相关系数为0.3581，且在1%水平下显著为正，说明财政透明度与经济发展水平正相关，财政透明度越高，地方经济发展水平越高，与假设5－1的结论初步一致。经济风险与人均GDP正向相关，与预设相关性相反，但是地区间经济风险的差异巨大，具体不同年度的地区间经济风险与经济发展的关系有待进一步检验。经济风险与财政透明度的相关系数为正，与上一章结果类似，财政透明度抑制经济风险的理论并未获得我国目前经验数据的支撑。其中，财政分权与人均GDP相关系数在1%

水平下显著为正，说明现阶段财政分权是促进地区经济发展的制度，财政分权与经济风险的相关系数在10%水平下显著为正，说明我国财政分权制度同时也增强了地区经济风险，这与理论分析一致。人口密度与人均GDP显著负相关，与经济风险正向相关，说明我国政府规模的扩张是经济风险增高、经济发展减缓的因素，应控制政府规模的不断扩张。第二产业增加值占比与人均GDP、财政透明度和经济风险均呈负向相关，人均外商直接投资、政府财政规模、城镇化水平和居民储蓄量与经济发展水平、财政透明度及经济风险均呈正向相关性，说明这些因素在影响经济发展的同时也同向带动了经济风险。同时利用方差膨胀因子方法诊断，模型中变量的VIF值均不超过3，可拒绝多重共线性的问题。

表5-3　　主要变量的相关系数矩阵

	pgdp	lndebt	ft	lnfd	sec	pfdi	lnbu	lnden	urban
pgdp	1.000								
lndebt	0.2588 ***	1.000							
ft	0.3581 ***	0.0123	1.000						
lnfd	0.5239 ***	0.5423 **	0.1560 ***	1.000					
sec	-0.0931	-0.2612 ***	-0.1452 **	0.1835 ***	1.000				
pfdi	0.6906 ***	0.5259 ***	0.1039 *	0.3939 ***	-0.3086 ***	1.000			
lnbu	0.5406 ***	0.1614 **	0.3762 ***	0.8105 ***	0.1445 **	0.2069 ***	1.000		
lnden	-0.1360 **	0.0647	0.0382	0.1184 **	0.1429 **	-0.0061	0.1909 **	1.000	
urban	0.8177 ***	0.5631 ***	0.1772 ***	0.5927 ***	-0.1151 *	0.7784 ***	0.3833 ***	-0.0998 *	1.000

注：***、**、*分别表示1%、5%、10%的显著性水平。

2. 实证结果分析

分析采用的数据为平衡面板数据。为消除模型误差项的自相关性，采用混合最小二乘法（Pooled OLS）进行估计，同时为了控制不同省份数据的个体差异对回归结果的影响，在通过Hausman检验后，对于三个模型均拒绝了随机效应模型（RE）优于固定效应模型（FE）的假设，因此本书给出了混合最小二乘法和固定效应模型的回归结果，具体结果如表5-4所示。

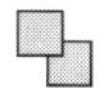

表 5-4 政府会计信息的经济治理效应的实证检验结果

变量	(1)		(2)		(3)	
	FE	OLS	FE	OLS	FE	OLS
ft（c_ft）	0.0167 *** (0.000)	0.0177 *** (0.000)	-0.0107 ** (0.043)	-0.0088 * (0.055)	0.0179 *** (0.000)	0.0174 *** (0.000)
lndebt (c_debt)	-0.1258 ** (0.002)	-0.2298 *** (0.000)			-0.1553 *** (0.000)	-0.2282 *** (0.000)
ft * debt					0.0006 * (0.093)	0.0011 (0.166)
lnfd	0.2599 (0.564)	-0.2914 * (0.074)	2.4652 *** (0.000)	2.6289 *** (0.000)	-0.4504 ** (0.028)	-0.3189 * (0.063)
sec	0.0051 (0.659)	0.0110 (0.157)	-0.0416 ** (0.025)	-0.0694 *** (0.000)	0.0109 (0.470)	0.0110 (0.156)
pfdi	1.9565 *** (0.000)	1.5096 *** (0.000)	1.098 ** (0.042)	-0.2263 (0.544)	1.8014 *** (0.000)	1.5420 *** (0.000)
lnbu	1.2586 *** (0.000)	1.1215 *** (0.000)	-2.5925 *** (0.000)	-2.4982 *** (0.000)	1.3388 *** (0.000)	1.1475 *** (0.000)
lnden	0.3852 (0.229)	-0.4396 *** (0.001)	-5.3841 * (0.058)	1.0126 *** (0.000)	-0.2179 (0.290)	-0.4449 *** (0.001)
urban	0.0735 ** (0.038)	0.1057 *** (0.000)	0.0276 (0.765)	0.0415 *** (0.000)	0.0946 *** (0.000)	0.1053 *** (0.000)
constant	-13.1135	-9.5794	27.1776	21.8518	-12.4265	-9.1879
时间因素	control	—	control	—	control	—
地方因素	control	—	control	—	control	—
N	279	279	279	279	279	279
adj-R^2	0.7774	0.8407	0.6081	0.6456	0.7986	0.8403
F	102.14	180.48	13.62	71.79	52.47	160.01

注：***、** 和 * 分别表示在1%、5%和10%水平上显著，括号内的数据为p值，且已经Cluster标准误稳健性修正。

（1）政府会计信息披露对经济发展的作用。

表5-4中列（1）报告了政府财政透明度与经济发展水平的回归结果。结果显示，固定效应模型中财政透明度的系数为0.0167，混合最小二乘法估计的系数为0.0177，二者均在1%水平下显著，说明财政透明度

对人均 GDP 呈显著的正向影响，财政透明度越高，人均 GDP 值越大，即政府会计信息披露对经济发展呈正向推动作用，支持了假设 5－1。与此同时，经济风险作为解释变量出现在模型（5－1）中，两种估计方法下得出的系数均为负，说明我国目前的政府债务规模已经超过经济发展阈值，政府债务规模越大，对经济增长的负向影响越强，政府债务规模的扩大对经济治理而言是负向影响因素。其中，人均外商直接投资、财政预算支出规模、城镇化水平分别在两种估计方法中呈现不同水平下的显著正相关，基本说明这些因素均是目前对我国经济发展具有正向推动作用的因素，而财政分权程度、第二产业增加值占比等变量的回归系数在不同回归方式中符号并不统一，有待进一步检验其对经济增长的作用。

（2）政府会计信息披露对经济风险的作用。

表 5－4 中列（2）和列（3）分别报告了政府会计信息披露水平对经济风险的直接作用程度和财政透明度通过抑制经济风险对经济发展的危害而起到的有益于经济增长的作用程度。其中，列（2）是财政透明度对经济风险抑制作用的实证回归结果。结果显示，两种估计方法下财政透明度的系数分别在 5% 和 10% 水平下显著为负，说明政府会计信息披露对经济风险起到了一定的抑制作用，假设 5－2 得到了支持，即财政透明度越高，一地的经济风险越小。列（3）给出了财政透明度与经济风险的交互项对经济发展的回归结果，并对交互项做了中心化处理。其中，经济风险程度对人均 GDP 的回归系数为负，双向固定效应回归模式下交互项在 10% 水平下显著为正，这表明财政透明度在一定程度上可以削弱经济风险给经济发展带来的负向影响，支持了假设 5－3 的说法，即财政透明度越高，地方债务规模对经济发展的抑制作用越弱。引入交互项以后财政透明度对经济发展的系数依旧呈 1% 水平下显著为正的实证结果，这也说明在当前经济制度形势下通过提高财政透明度来提高经济治理能力是一条有效途径。

5.1.4　进一步检验与稳健性检验

1. 进一步检验

（1）分区域检验政府会计的经济治理效应。

制度经济学将经济制度的变迁和改革置于经济社会整体中进行分析，说明某一项制度的改变不仅影响组织本身，也影响着经济社会整体。政府会计改革不是一项独立的技术尝试，而是构建政府和将政府作用与其外部环境相结合的部分（陈立齐，2009）。外部环境的差异是导致同样制度实施结果不一致的重要因素，我国国土面积广阔，各区域经济发展战略、禀赋和政策法规等的巨大差异，导致各区域的经济增长途径、制度作用路径等存在诸多不同。因此，通过划分东部、中部和西部区域，进一步分析政府会计信息对经济治理的影响，固定效应模型的实证检验结果如表5－5所示。其中，财政透明度对经济增长的影响实证结果中，东部地区和中部地区均呈现正向影响，西部地区未通过证实。财政透明度对经济风险的抑制作用在中部和西部地区未被证实，甚至在中部地区出现了促进作用，东部地区财政透明度对经济风险仍呈抑制作用。而对于假设5－3，东部和中部地区的实证结果支持，财政透明度可以通过抑制经济风险来达到促进经济发展的作用，西部地区的财政透明度对经济发展的促进作用系数未通过显著性检验。由此可以得出，我国不同区域的制度作用路径确有不同，在发展经济治理现代化体系的过程中应分领域制定政策，实施更有效作用于地区经济发展的改革方案。

表5－5　分区域政府会计信息的经济治理效应的实证结果

变量	东部			中部			西部		
	(1)	(2)	(3)	(1)	(2)	(3)	(1)	(2)	(3)
ft (c_ft)	0.0132*** (0.004)	-0.0087* (0.071)	0.0090* (0.079)	0.0358*** (0.003)	0.0217* (0.077)	0.0382*** (0.003)	-0.0052 (0.190)	-0.0248 (0.105)	0.0019* (0.086)
lndebt (c_lndebt)	-0.2135*** (0.000)		-0.4917*** (0.000)	-0.3998*** (0.001)		-0.2476** (0.028)	0.0092 (0.733)		0.0147 (0.740)

续表

变量	东部			中部			西部		
	(1)	(2)	(3)	(1)	(2)	(3)	(1)	(2)	(3)
ft × lndebt			0.0150*** (0.000)			-0.0171*** (0.008)			0.0008 (0.762)
lnfd	0.3352 (0.459)	1.9813 (0.108)	-0.1487 (0.659)	0.0475 (0.972)	0.6904 (0.801)	-1.5827* (0.074)	0.1938 (0.380)	3.2202* (0.076)	-0.8260*** (0.000)
sec	-0.0079 (0.622)	0.0122 (0.636)	0.0050 (0.667)	0.0456 (0.126)	-0.0450 (0.252)	0.0334 (0.222)	-0.0006 (0.941)	0.0524 (0.115)	0.0108 (0.786)
fdi	1.6650*** (0.000)	-0.5714 (0.105)	1.2905*** (0.000)	19.4495** (0.047)	-19.1630** (0.044)	4.3984 (0.366)	3.5811** (0.069)	10.5620 (0.122)	-1.6331 (0.762)
lnbu	1.8280*** (0.000)	-3.5722** (0.028)	0.7893*** (0.000)	0.8200 (0.342)	5.9944 (0.243)	2.1258*** (0.002)	0.4902* (0.085)	-4.6001** (0.047)	1.3920*** (0.000)
lnden	-0.0704 (0.906)	2.7050*** (0.001)	-1.2201*** (0.001)	-0.1790 (0.859)	0.6298 (0.553)	-1.0952*** (0.006)	0.6420*** (0.002)	0.1572 (0.824)	-0.3318** (0.010)
urban	0.0779** (0.017)	-0.0296 (0.527)	0.1432*** (0.000)	-0.0255 (0.834)	-0.0396 (0.728)	0.0270 (0.457)	0.1545*** (0.000)	-0.0408 (0.826)	0.1209*** (0.000)
constant	-13.4453	-0.0296	-1.5476	-5.3063	-39.2843	-13.8489	-11.8133	42.8546	-14.3253
时间因素	Control	Control	Control	Control	Control	Control	Control	Control	Control
地方因素	Control	Control	Control	Control	Control	Control	Control	Control	Control
N	99	99	99	72	72	72	108	108	108
adj-R^2	0.9417	0.6923	0.9135	0.7219	0.2076	0.6532	0.9146	0.4794	0.834
F	161.59	15.60	116.05	18.17	6.38	15.86	109.79	7.17	57.60

在对人均 GDP、财政透明度和债务风险进行分区域统计后发现，这三个变量的均值东部地区都是最大的（分别是 5.51、34.50 和 11.39），其次是中部地区（3.28、32.28 和 2.40），西部地区的三个均值最小（分别是 2.78、29.92 和 0.83），即总体而言，东部地区的经济发展水平高于中部地区和西部地区，财政透明度水平和债务风险水平也高于其他地区。分区域的实证结果也表明，当经济发展到达一定程度后，财政透明度在经济治理过程中的揭示职能和防控职能将显著显现，成为经济治理现代化建设的重要制度组成部分，与张弘、王有强（2013）的国际经验结果一致。市场经济的逻辑表明，市场经济需要好的政治支持，具体表现为治理体系和治理能力的建构与形成，并经由监管的途径实现，这就是政府会计体系在经济治理过程中发挥揭示职能和防控职能的逻辑过程。财政透明度在很多研究中被视作政治治理水平和政治治理能

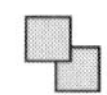

力，因此分区域的回归结果证实了当经济水平发展到一定程度后，加强政治治理能力建设、提升政治治理水平是提高经济治理能力的有效途径。

（2）受教育水平对政府会计的经济治理效应的影响。

作为人造的信息系统，政府会计的信息需求受系统所处的外界社会经济发展影响，且信息使用者的认知水平和外界技术条件对信息的解读也会对会计信息的职能发挥产生影响。就经济治理而言，政府会计信息的需求者即参与地方经济社会过程中的组织、个人等利益相关者，因此，一地居民的认知水平和技能是影响政府会计发挥经济治理职能的重要影响因素。实证研究表明，一地区具有会计教育背景或金融从业人员、会计从业人员数量越多，会计信息发挥治理职能的效果越明显。本章从地区居民的受教育程度入手，进一步研究政府会计信息的经济促进和风险抑制作用，固定效应模型的实证结果如表5-6所示。

表5-6　　教育程度对政府会计信息的经济治理效应影响的实证结果

变量	教育水平高			教育水平低		
	(1)	(2)	(3)	(1)	(2)	(3)
ft (c_ft)	0.0176** (0.017)	-0.0017 (0.879)	0.0062 (0.238)	0.0276*** (0.000)	-0.0076* (0.083)	0.0195*** (0.002)
lndebt (c_lndebt)	-0.1783** (0.010)		-0.0458 (0.251)	-0.1834*** (0.001)		-0.1815*** (0.002)
ft×lnsur			0.0028 (0.116)			0.0060* (0.061)
lnfd	-0.7736*** (0.003)	-3.3573** (0.030)	-0.3754 (0.406)	-0.2313 (0.360)	0.6090 (0.637)	0.1130 (0.858)
sec	0.0107 (0.309)	-0.0088 (0.838)	-0.0126 (0.429)	0.0428*** (0.002)	0.0236 (0.448)	0.0279** (0.046)
fdi	1.0210*** (0.000)	-0.4474 (0.497)	1.2182*** (0.000)	1.9062*** (0.002)	0.2784 (0.190)	15.3004*** (0.000)
lnbu	1.8351*** (0.000)	-8.2835*** (0.000)	2.2445*** (0.000)	1.0053*** (0.000)	-2.1497*** (0.002)	0.7789 (0.129)

续表

变量	教育水平高			教育水平低		
	(1)	(2)	(3)	(1)	(2)	(3)
lnden	-0.7518*** (0.000)	0.7577 (0.265)	-0.1895 (0.554)	-0.3001* (0.098)	-0.6362 (0.362)	0.3243 (0.527)
urban	0.1245*** (0.000)	-0.0346 (0.663)	0.0783** (0.046)	0.0688*** (0.000)	0.0229 (0.433)	0.0101 (0.875)
constant	-15.2820	68.3748	-16.8773	-9.7460	10.8529	-8.7504
时间因素	Control	Control	Control	Control	Control	Control
地方因素	Control	Control	Control	Control	Control	Control
N	104	104	104	175	175	175
adj-R^2	0.8994	0.1638	0.8016	0.7390	0.5605	0.7568
F	109.46	10.04	107.95	53.53	11.56	49.10

以地区人均教育支出为依据，人均教育支出高于样本均值的分组为教育水平高组，否则为教育水平低组。回归结果显示，政府财政透明度对人均 GDP 的作用在两组中均呈统计意义的显著正向作用，但低教育组系数为 0.0276，明显高于高教育组的系数，即政府财务信息对经济发展的提升作用在教育水平偏低的地区更为显著，政府会计信息披露制度成了教育的替代机制。财政透明度对经济风险的抑制作用在低教育水平组得到证实，而教育水平较高组未通过显著性检测，即政府会计信息在低教育水平时抑制政府经济风险的增长，且在高教育水平时并未发挥抑制经济风险的治理作用。财政透明度通过抑制经济风险从而达到增强经济发展水平的假设也在低教育水平组内被证实，而在高教育水平组内财政透明度对于经济发展的提升作用并未通过显著性测试。总体来看，教育水平较高的地区，政府会计信息对经济发展的直接作用力较弱，而政府会计信息的经济治理作用主要通过抑制经济风险实现；反之，在教育水平较低的地区，政府会计信息披露水平的提升可以直接带来经济的增长，其政治意义显著。中国分教育水平的实证研究结论与西方国家的实证结论呈相反状，这是我国与之不同的政治经济制度导致的。

2. 稳健性检验

内生性问题也是本书关注的重点问题。一地政府的会计制度、财政透明度、政府债务都是内生决定的。已有研究表明，处于经济优势地位的省级政府更愿意公开政府财务信息（肖鹏和阎川，2013）。我国的政府主导的经济发展模式使得经济发展与政府披露财务信息之间存在内生性问题，为了避免变量选取可能导致的内生性问题，此处运用工具变量固定效应模型（IV-FE）的方法降低内生性对结果的影响，以财政透明度得分的自然对数作为政府会计信息披露的替代变量，以支出分权指数（FD_c）的自然对数作为衡量财政分权制度因素的替代变量，检验回归结果的稳健。

表5－7中列示了稳健性检验的回归结果，与前文结论基本一致。这表明，在考虑了内生性问题后，政府会计信息披露对经济增长的促进作用和经济风险的抑制作用的结论基本上是稳健的。

表5－7　稳健性检验结果

变量	(1)			(2)			(3)		
	IV-FE	OLS	GMM	IV-FE	OLS	GMM	IV-FE	OLS	GMM
Y			0.9684*** (0.000)			0.6086*** (0.000)			0.9573*** (0.000)
lnft (c_ft)	0.4169** (0.011)	0.1902 (0.280)	-0.0027 (0.213)	-0.2269 (0.390)	0.6223** (0.029)	0.0163*** (0.005)	0.0128*** (0.007)	0.0106** (0.032)	-0.0018 (0.405)
lndebt (c_lndebt)	-0.0012 (0.118)	-0.0011 (0.145)	-0.0002 (0.489)				-0.1518*** (0.000)	-0.1958*** (0.000)	-0.0361 (0.073)
ft × lndebt							0.0154 (0.810)	-0.0300 (0.648)	0.0004 (0.675)
$lnfd_c$	-1.2842 (0.132)	-2.8161*** (0.000)	-0.0598 (0.413)	-6.4549*** (0.000)	6.0308*** (0.000)	0.9966*** (0.000)	-2.3062** (0.010)	-1.5992*** (0.000)	0.0408 (0.645)
sec	0.0156 (0.229)	0.0223*** (0.004)	0.0108** (0.004)	0.0118 (0.569)	-0.0709*** (0.000)	-0.0338*** (0.001)	0.0223* (0.086)	0.0161** (0.034)	0.0089** (0.018)
fdi	2.0264*** (0.000)	1.8722*** (0.000)	0.2699* (0.076)	-0.0756*** (0.891)	0.0850 (0.835)	-0.1211 (0.711)	1.6178*** (0.000)	1.5288*** (0.000)	0.2198* (0.091)
lnbu	2.2652*** (0.000)	3.1688*** (0.000)	0.1264 (0.226)	2.2406** (0.021)	-5.0162*** (0.000)	-0.8189*** (0.007)	2.7170*** (0.000)	2.1793*** (0.000)	0.0476 (0.653)

续表

变量	(1)			(2)			(3)		
	IV-FE	OLS	GMM	IV-FE	OLS	GMM	IV-FE	OLS	GMM
lnden	0.2980 (0.301)	-0.7028*** (0.000)	-0.1465** (0.018)	0.0458 (0.928)	0.8874*** (0.000)	0.3230* (0.069)	0.2981 (0.349)	-0.4621*** (0.000)	-0.1333** (0.037)
urban	0.0644* (0.067)	0.0728*** (0.000)	0.0068 (0.143)	-0.0175 (0.761)	0.0861*** (0.000)	0.0187* (0.058)	0.0537 (0.163)	0.0970*** (0.000)	0.0092* (0.066)
constant	-24.5498	-26.7607	-0.3744	-29.7387	40.3299	7.4938	-28.4069	-18.8457	0.4262
N	279	279	279	279	279	279	279	279	279
adj-R^2	0.7700	0.8268		0.3144	0.5728		0.7835	0.8474	
F	100.41	166.86		15.40	53.11		93.68	168.86	

5.1.5 小结

市场经济的健康、平稳发展是中国建设集政治、经济、社会、文化和生态文明于一体的国家治理体系的基础保障，政府作为参与市场经济发展的重要主体，其自身的治理能力和财政资源配置能力均对市场经济产生重大影响。因此，符合经济治理现代化要求的政府会计体系改革直接影响经济治理能力及治理效果。由此，笔者将经济治理能力通过“稳增长”和“防风险”两个目标，采用2007～2015年的省级政府数据实证检验了政府会计对经济治理的作用，得出以下结论。

（1）政府会计信息能够通过促进地区经济增长和防范因政府赤字规模过大引起的经济风险两条路径作用于经济治理，提升政府会计信息披露水平是提高经济治理水平的有效途径，且经济发展水平越高，政府会计体系发挥的经济治理作用越显著。

（2）中国当前已经步入中上等收入阶段，政府会计体系和制度的合理性及完备性将对我国经济发展产生愈加显著的影响，分区域的实证结果是这一推断的有力证明。由政治晋升引致的地方经济增长模式随着时间的推移终将失效，最终会过渡到与市场经济内在需求一致的需求诱致型制度变迁方式。因此在未来发展阶段，我国必须加快完善政府会计体

系建设的工作，否则将会成为经济进步的羁绊。

（3）进一步检验显示，居民受教育程度高的地区的政府会计信息治理效果反而低于受教育水平低的地区，应加强经济治理主体对政府会计信息的解读能力，以此增强市场各微观主体的博弈能力。发展教育水平是长期任务，在发展阶段，可以通过提升地区政府会计信息披露水平来刺激经济发展，作为教育水平的替代制度。

5.2　政府会计信息的生态治理效应的实证研究

5.2.1　理论分析与研究假设

1. 基于信息经济学理论

信息经济学主要研究在信息不对称情况下出现的逆向选择和道德风险行为对契约双方的利益影响，减少信息不对称程度、增加监督力度和完善奖惩机制是主要解决途径。“税收国家”理论认为政府的税收源自公民，因此政府对民众负有公共受托责任，政府对税收资源的使用效果及效率需要接受公众的监督，这也是公共管理领域的委托—代理思想的根基。按照费里约翰（Ferejohn，1990）给出的理论分析框架，在公共支出委托代理关系中，公众为委托人，政府为代理人，公众将税收资源委托给政府，希望政府能够为其提供优质的公共品和服务。但在委托代理关系中，政府往往因其是公共权力的掌握者更加不愿意披露信息，便于利用信息优势为自身提供寻租机会。在政府使用公共资源的过程中，政府代理人（地方政府机构、政府官员及政府部门工作人员）与委托人（国家立法机构或全体公民、选民等）因目标和利益的不一致会产生道德风险（moral hazard）和逆向选择（reverse select）问题。因此，政府财务信息披露程度代表了居民对政府的制约程度，对生态治理的投入也会产生影响。因此，政府财务信息披露程度的提高有助于缓解公众与政府之间的信息不对称问题，便于公众有效监督政府行为，改善公共资源的使用绩效。

信息公开是权力制约的基础，信息不对称情况下，政府官员为追求其权力和政治地位，更愿意投资更快拉动经济增长、寻租空间大的基础设施等生产性支出，而忽视公众较为关注的社会福利支出（周黎安，2007；傅勇和张晏，2007；尹恒和朱虹，2012 等），尤其是具有溢出性、投资大且周期长的节能环保项目。政府环境保护预算支出本身不仅对生态环境保护至关重要，对微观经济主体的污染行为也有抑制作用。实证研究表明，政府环境保护财政支出预算规模的增加与污染排放量呈反向关系，政府越重视环境污染治理，越有助于提升地方环境污染治理效果，且政府监管比排污费对治理排污更有效（Dasgupta et al.，2001；Wang and Di，2002；宋文献等，2004）。政府环保支出预算信息的公开为社会公众的监督提供了路径，地方居民对生态环境的主动监督和治理也有益于提高治理能力，信息公开程度代表了居民对地方政府的制约程度，信息透明度越高，财政支出结构越倾向于一地居民的偏好。据此，提出一个假设。

假设 5－4：政府会计信息披露对生态治理能力具有正向作用，即政府会计信息披露程度越大，生态治理能力越强。

2. 基于财政分权

财政分权是指中央政府赋予地方政府在债务安排、税收管理和预算执行方面一定的自主权，各级政府有相对独立的财政收入权力和支出责任，是处理政府间关系的一种分权财政体制，其之所以成为影响生态治理能力的重要因素就在于地方政府被赋予了一定的财政自主权，能够自由选择支出结构。财政分权产生伊始是因为相对于集权式政府而言，分权是更有效处理环境偏好异质性的手段，对地方生态治理能力建设有促

 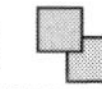

进作用。基于环境联邦主义理论（Oates，1998，2002；Portney，2003），相对于集权式政府统一的环境标准，财政分权的地方政府环境决策将依据城市居民的偏好、实施的成本及地方条件进行调整和实施，从而达到地方居民的福利最大化。自《决定》将生态治理正式纳入国家治理体系建设之后，越来越多的政府官员和公民意识到环境保护的重要性，认识到经济发展和人类进步不能以破坏环境、浪费资源为代价，一地居民更愿意通过政府信息监督政府的投资行为及环境保护情况。研究发现，政府财务透明显著改善公众对政府的信任和支持程度，公众更愿意承担较高税收，政府也更愿意将更多财政资源配置在公共服务领域，促进政府公共服务供给（Ferejohn，1990；James et al.，2002）。

关于财政分权与环境污染治理之间关系的研究，我国学者通过实证分析得出的结论并不一致。财政分权一方面促进了地方政府的受托责任履行，另一方面也因绩效竞争等引发了非效率支出等行为。财政分权制度下的地方政府不仅对当地民众负有公共受托责任，也对中央政府负有受托责任，当一地政府财政信息透明度较低的情况下，政府支出更容易偏向于有利于政府官员绩效考评的结构。因此，政绩考核标准成为影响地方政府支出结构的重要因素。传统的地方政府绩效考核将经济增长视为最重要的指标，而教育、环保等指标不被重视，地方政府官员在任期内会竭力带动地方经济增长。我国“唯 GDP 论政绩”的单一考核制度在财政透明度较低的前提下直接导致地方财政支出倾向于生产性支出，甚至重复性建设等破坏生态环境、降低公民福利的项目，对于科技、教育、文化、卫生、节能环保等民众关心的社会福利支出较少（傅勇，2010；尹恒等，2011）。财政分权引致地方政府竞争，改变了地方政府财力和财政支出偏好（官永彬，2011），并且不同功能的财政支出竞争呈现出不同的特征（李涛、周业安，2009）。

鉴于财政分权制度对地方生态治理的作用受其他制度和因素的影响和已有研究结论的不一致性，提出一组假设。

假设 5 -5a：我国现阶段财政分权制度对生态治理能力具有反向影响，即地方政府财政分权程度越大，生态治理能力越弱。

假设 5 -5b：我国现阶段财政分权制度对生态治理能力具有正向影响，即地方政府财政分权程度越大，生态治理能力越强。

5.2.2 研究样本与变量设计

1. 研究样本与数据来源

根据研究需要，以中国省级数据作为研究样本。由于可获取的政府会计信息披露程度数据为 2006 ~2015 年，加之 2007 年财政收支分类改革后才出现节能环保支出类级项目，因此采用数据的时间跨度为 2007 ~2015 年，共计 279 个观测值，主要变量的设置及说明如表 5 -8 所示，实证检验过程使用 STATA 14.0 软件进行操作。

表 5 -8 主要变量设置说明

变量类型	变量名称	说明
被解释变量	生态治理能力	地方财政节能环保支出的自然对数（lnep）
		工业废水排放量与污染治理投资比的自然对数（lnwat）
		工业废气排放量与污染治理投资比的自然对数（lngas）
		工业固体废弃物产生量与污染治理投资比的自然对数（lnwas）
解释变量	政府会计信息披露	以百分制换算的财政透明度得分（ft）
	财政分权程度	地方财政支出与同时期中央财政支出比（divc）
控制变量	人口密度	地区人口总数与面积比的自然对数（lnden）
	工业发展程度	第二产业增加值占比（second）
	城镇化程度	地区非农人口数占人口总数的比重（urban）
	金融业发展	第三产业占 GDP 比重（third）

2. 变量设置

（1）被解释变量。

从两方面衡量生态治理能力，即生态治理的投入和产出。生态治理

的投入主要指政府对于生态治理的投入力度，侧面反映政府对于生态治理的认知和重视程度。以省级地方政府节能环保财政支出额的自然对数（lnep）作为地方政府生态治理投入力度的代理变量，并用生态治理的产出能力进行了稳健性检验。生态治理的产出分别以各省历年工业废水排放量、工业废气排放量和工业固体废弃物产生量的自然对数进行度量。

（2）解释变量。

如前文所述，政府会计信息披露程度由财政透明度衡量，数据来源于上财课题组出版的《中国财政透明度（2009－2018）》。

财政分权程度反映了地方政府的财政自由度，财政分权程度越大，地方政府官员越容易自主安排财政收支计划。对于财政分权程度的衡量目前主要有两种方法：一种是财政收支指标，包含收入分权和支出分权两类，分别以“地方财政预算收入（支出）/同期中央政府财政预算收入（支出）”计算得出（Oates，1985；张晏和龚六堂，2005；李敬涛，2016）；另一种是“地方财政预算收入/地方财政预算支出”，侧重于衡量财政收入自主度（周彬和邬娟，2015）。此处关注财政分权制度下支出结构的变化，因此选用支出分权度量财政分权程度，并以收入分权做稳健性检验。

（3）控制变量。

工业化程度（second）。不同产业的污染物排放量不同，对环保支出的要求和环境质量的影响程度均有不同。乌埃塔尔（Wuetal，2005）认为对正处于工业化进程的发展中国家或转轨经济国家而言，工业化的快速发展对地方的环境影响尤其突出。我国正处于第二产业为主的产业结构，大部分地区的工业企业仍然采用高能耗、高排放、低产出的生产方式。因此，本书选用第二产业产值增加额占 GDP 比重来衡量一地的工业化程度，研究工业产值的变化对生态治理投入和产出的影响。

城镇化水平（urban）。城镇化是指人口、资本等要素持续向中心城镇集聚的过程，城镇化带来城镇经济发展的同时也对一定区域内环境的容量产生冲击，造成整体环境质量下降。与此同时，城镇人口对于政府生态治理行为的监督力度更大，如民意网的信息反馈等。因此，本书选取城市人口占地区总人口的比重作为城镇化水平指标，检验城镇化水平与生态治理能力的关系。

第三产业发展（third）。除财政因素外，地方政府的生态治理行为还受到其他产业发展水平的影响。若一地的支柱产业不是工业产业，则地方政府将较少依赖于工业产业发展带动经济发展及人民就业等，即更少地牺牲地方环境质量换取工业产业发展行为。因此，本书选取第三产业占 GDP 比重指标作为控制变量。

人口密度（lnden）。格罗斯曼（Grosssman，1999）认为管理和监督成本与人口密度负相关，即不断增加的居民规模会给政府在提供公共服务上带来规模经济，同时，人口密度在一定程度上衡量了政府的工作强度，即人口密度较大的地区地方政府可能面临更多的公共事务，这有可能会降低地方政府的生态治理职能发挥。本书选用了人口密度的自然对数以控制人口分布因素对被解释变量的影响。

3. 实证模型

为检验假设 5－4，我们构建模型（5－4）以验证政府会计信息披露对生态治理能力的影响，具体如下：

$$\mathrm{lnep}_{it} = \alpha_0 + \alpha_1 ft_{it} + \alpha_2 \mathrm{lnden}_{it} + \alpha_3 \mathrm{second}_{it} + \alpha_4 urban_{it} + \alpha_5 third_{it} + \varepsilon_{it} \quad (5-4)$$

其中，主要关注 α_1 的符号和显著程度，如果其显著为正，则初步说明政府会计信息披露对一地生态治理能力具有显著的正向效应，假设 5－4 成立。

为检验假设 5－5a 和假设 5－5b，我们构建模型（5－5）以验证财政分权对生态治理能力的影响，具体如下：

$$\mathrm{ln}ep_{it} = \alpha_0 + \alpha_1 divc_{it} + \alpha_2 \mathrm{lnden}_{it} + \alpha_3 \mathrm{second}_{it} + \alpha_4 ruban_{it} + \alpha_5 third_{it} + \varepsilon_{it} \quad (5-5)$$

其中，主要关注 α_1 的符号和显著程度，如果其显著为负，则初步说明财政分权对地方生态治理能力具有显著的抑制作用，假设5－5a成立；若显著为正，则初步说明财政分权在我国制度背景下对生态治理能力建设具有显著的促进作用，假设5－5b成立。

为检验政府会计信息披露和财政分权联合对生态治理能力的影响，构建如下模型：

$$\mathrm{lnep}_{it} = \alpha_0 + \alpha_1 ft_{it} + \alpha_2 divc_{it} + \alpha_3 \mathrm{ln}den_{it} + \alpha_4 \mathrm{second}_{it} + \alpha_5 urban_{it} + \alpha_6 third_{it} + \varepsilon_{it} \tag{5-6}$$

其中，若 α_1 和 α_2 均显著为正，则初步说明在我国财政分权制度背景下政府会计信息披露水平的提高对提升一地生态治理能力具有显著的促进作用，通过提升政府会计信息披露水平来完善地方生态治理体系是有效途径。

5.2.3　实证检验与结果分析

1. 描述性统计与相关性分析

表5－9反映了样本期间我国财政透明度、政府节能环保支出和污染治理投资支出的整体变化趋势。虽然财政透明度的均值从2007年的21.98分上升至2015年的48.27分，呈持续上升趋势，但总体得分依旧偏低。根据最新两期的报告结果计算的透明度均值仅为42.25分和48.27分，这说明我国财政透明度水平处于持续改善的状态，但仍有较大的改进空间。节能环保支出与财政透明度存在相同的问题，即支出的平均水平从2007年的31.01亿元发展为2015年的142.38亿元，支出总额有所提高，但提高程度低于经济发展同期水平，并没有达到世界银行提倡的1.5%甚至是2%以上的水平，节能环保支出规模有待加强。污染治理的投资总额从2007年的年均92.27亿元提升至2015年的276.49亿元，增长幅度超过了200%，这说明我国总体对生态治理的意识有了显著提升，

并且正在大力投资改善生态环境。

表 5－9　　全国各省年度财政透明度、财政节能环保支出均值

类别	2007 年	2008 年	2009 年	2010 年	2011 年	2012 年	2013 年	2014 年	2015 年
财政透明度均值（分）	21.98	23.14	25.27	28.33	31.40	32.68	36.04	42.25	48.27
节能环保支出（亿元）	31.01	44.5	61.17	76.53	82.80	93.31	107.58	111.81	142.38
污染治理投资（亿元）	92.27	122.27	133.77	202.00	215.50	255.69	272.21	293.86	276.49

表 5－10 显示了样本期间主要变量的描述性统计结果。（1）为减少样本值的差异程度，对节能环保支出取自然对数，从该项数据的集中趋势来看，其均值和中位数分别是 4.18 和 4.29，即大部分地区的节能环保支出水平低于平均水平，但中位数和均值差异较小，一定程度上符合多元回归的数据特征要求。从数据的离散程度来看，其标准差为 0.77，最大值和最小值分别是 5.82 和 1.56，说明我国各省份生态治理投入的差异化较大。（2）财政透明度的均值和中位数分别为 32.15 和 27.41，说明我国大部分地区财政透明度水平低于平均水平，透明度总体偏低，从数据的离散程度来看，其标准差为 13.66，最大值和最小值分别是 77.70 和 11.52，说明透明度的离散程度较高，地区间信息披露水平差异较大。（3）财政分权程度的均值和中位数分别是 0.16 和 0.15，差异较小，一定程度上说明存在较为明显的正态分布特征，且标准差较小，说明各地区财政支出衡量的分权程度差异较小。（4）根据控制变量的描述性统计结果显示，人口密度和第三产业发展数据较为集中，离散趋势较弱，符合多元回归数据的特征要求。而工业化发展程度和城镇化水平地区间差异较大，数据离散程度较高。其中，财政透明度的最大值与最小值相差甚远，最大值曾达到 77.7 分，说明基于该课题组的评分标准，我国现有的财政工作能力可以达到高于及格线的透明度，政府选择不给予公众和其他利益主体如此高的透明度，其背后的动机有待深究。

表 5－10　　　　　　　　主要变量描述性统计

变量	样本量	均值	中位数	最小值	最大值	标准差
lnep	279	4. 18	4. 29	1. 56	5. 82	0. 77
lnwat	279	5. 80	5. 81	2. 56	8. 44	0. 90
lngas	279	4. 50	4. 57	1. 39	6. 16	0. 70
lnwas	279	3. 68	3. 76	0. 49	6. 24	0. 94
ft	279	32. 15	27. 41	11. 52	77. 70	13. 66
divc	279	0. 16	0. 15	0. 21	0. 50	0. 08
lnden	279	7. 80	7. 82	6. 24	8. 69	0. 48
second	279	46. 73	48. 70	15. 60	61. 50	8. 58
urban	279	52. 00	49. 99	21. 50	89. 60	14. 42
third	279	0. 42	0. 40	0. 11	0. 80	0. 10

表5－11 报告了主要变量的相关性分析结果。根据报告结果显示，节能环保支出与财政透明度的相关性系数为0. 3114，且显著为正，“工业三废”的排放量与财政透明度的相关性系数分别是－0. 2366、－0. 3140 和－0. 2443，均显著为负，初步证明了假设 5－4 的推断。对于财政分权与生态治理能力的相关性结果，财政分权与节能环保支出规模相关性系数0. 7556 显著为正，与“三废”排放量的相关性虽不如与支出相关的显著性强，但也呈现均为负向的相关性。由此初步推断，在我国制度背景下，财政分权有利于生态治理能力建设，对生态治理体系建设具有推动作用。对于其他控制变量，工业化程度与“工业三废”排放量相关性显著为正，城镇化水平与“工业三废”排放量相关性显著为负，与节能环保支出规模显著为正，第三产业发展水平与“工业三废”排放量相关性显著为负，基本上与预期结果相符。其中，人口密度与节能环保支出水平显著正相关，与“三废”排放量正相关，究其原因可能是工业化程度高的地方也是人口密集的地方，毕竟我国目前的经济发展还是以密集型工业产业为主，所以人口密度与生态治理能力的关系还有待进一步验证。

表 5 - 11　　　　主要变量的相关系数矩阵

变量	lnep	lnwas	lnwatw	lngasw	ft	divc	lnden	second	urban	third
lnep	1.0000									
lnwasw	-0.0285	1.0000								
lnwatw	-0.2727 ***	0.4139 ***	1.0000							
lngasw	-0.0457	0.7797 ***	0.6305 ***	1.0000						
ft	0.3114 ***	-0.2366 ***	-0.3140 ***	-0.2443 ***	1.0000					
divc	0.7556 ***	-0.2447 ***	-0.0402	-0.1118 *	0.2063 ***	1.0000				
lnden	0.1422 **	0.2297 ***	0.1220 **	0.2190 ***	0.0382	0.0887	1.0000			
second	0.2143 ***	0.4315 ***	0.2738 ***	0.4172 ***	-0.1452 **	0.1584 ***	0.1429 **	1.0000		
urban	0.2109 ***	-0.5949 ***	-0.3572 ***	-0.3344 ***	0.1772 **	0.3599 ***	-0.0998 *	-0.1151 **	1.0000	
third	-0.0645	-0.5531 ***	-0.4273 ***	-0.5135 ***	0.0853	0.0434	-0.2095 ***	-0.7066 ***	0.5289 ***	1.0000

注：***、**、* 分别表示 1%、5%、10% 的显著性水平。

2. 实证结果分析

（1）政府会计的生态治理效应的实证研究。

由于本书中研究的个体即为研究的总体，根据计量经济学理论，此时应选择固定效应模型进行研究，且经 Hausman 检验拒绝了混合回归与随机效应估计，因此模型采用固定效应估计方法，降低内生性问题。为检验结果稳健性，还采用混合最小二乘法（Pooled OLS）估计变量系数，具体结果如表 5 - 12 所示。

表 5 - 12　　　　政府会计信息、财政分权与生态治理能力实证检验结果

变量	(1)		(2)		(3)	
	FE	OLS	FE	OLS	FE	OLS
ft	0.0058 *** (0.005)	0.0177 *** (0.0000)			0.0059 *** (0.002)	0.0108 *** (0.000)
divc			6.7120 *** (0.000)	6.8286 *** (0.000)	6.7247 *** (0.000)	6.4913 *** (0.000)
lnden	0.4838 *** (0.000)	0.1857 ** (0.036)	0.4613 *** (0.000)	0.0937 (0.146)	0.4298 *** (0.000)	0.0830 (0.180)
second	-0.0002 (0.975)	0.0271 *** (0.001)	-0.0063 (0.259)	0.0066 (0.233)	-0.0043 (0.437)	0.0127 ** (0.020)
urban	0.0973 *** (0.000)	0.0091 ** (0.018)	0.0502 *** (0.000)	-0.0964 (0.463)	0.0384 *** (0.000)	-0.0044 (0.118)
third	1.0914 * (0.073)	0.4430 (0.578)	1.1351 ** (0.043)	2.1990 (0.866)	1.0842 ** (0.049)	0.0337 (0.543)

续表

变量	(1)		(2)		(3)	
	FE	OLS	FE	OLS	FE	OLS
constant	-5.2983	0.2297	-3.2910	2.1990	-2.6925	1.6360
时间因素	Control	—	Control	—	Control	—
地区因素	Control	—	Control	—	Control	—
N	279	279	279	279	279	279
adj-R^2	0.6494	0.5645	0.7031	0.5783	0.7150	0.6108
F	90.03	14.72	115.07	77.25	101.17	73.71

注：***、**、*分别表示1%、5%、10%的显著性水平。

根据模型（5-4）的经验研究显示，政府会计信息披露程度的系数在两种回归方法下分别为0.0058和0.0177，且均在1%水平下显著，即信息披露对地方生态治理投入的影响显著为正，表明信息披露程度越高，地方生态治理投入规模越大，这说明政府会计信息对于生态治理能力建设具有促进作用，假设5-4得到了证实。这一结论说明了信息经济学在公共管理领域的应用，政府财务信息能够促进政府除经济发展以外的其他职能作用，减少由信息不对称带来的与公众利益目标不一致的行为。模型中人口密度和城镇化水平对生态治理投入的影响显著为正，表明人口密度越大、城镇化程度越高的地区，地方政府越注重节能环保的投入，这表明政府层面已经注意到有限生态资源的重要性，越是稀缺，越是珍重使用，加大投入力度维系现存生态环境。工业化程度的系数在OLS估计下显著为正（在固定效应模式下统计意义不显著），说明工业化程度是影响环保投入的重要影响因素，地方政府会根据当地的工业化发展水平制定生态治理投入规模，体现出财政分权制度下差异化环境政策的有效性。由于我国目前的产业结构仍是以工业产业为主，因此第三产业发展对生态治理的作用机制并不总是统计意义上的显著为正，没有呈现出预估的第三产业对环境质量的要求随着产业的发展而推动生态治理能力建设的实证结果。

（2）财政分权对生态治理能力的影响。

根据模型（5-5）的回归结果显示，财政分权指标的系数分别是

6.7120 和 6.8286，对节能环保支出的影响在 1% 水平下显著为正，且明显高于其他变量的影响程度，这说明我国现阶段制度背景下，财政分权确实有助于节能环保投入的增长，分权制度适用于我国的具体国情，有助于生态治理体系建设，证实了假设 5－5b，因此假设 5－5a 不成立。其中，人口密度对节能环保投入规模的增加依旧呈正向影响，说明人均生态资源越有限的地区，由于其环境资源的有限性和高昂的维持成本，越是注重生态治理建设和努力维持生态资源现状。

模型（5－6）的实证结果说明，在引入政府会计信息披露指数后，政府信息披露与财政分权对生态治理投入的系数（0.0059 和 0.0108、6.7247 和 6.4913）均在 1% 水平下显著为正，这说明我国财政分权体制下的政府会计信息披露有助于提升地方生态治理能力建设，是解决地方环境需求异质性的有效途径。财政分权因素引入后工业化程度对于生态治理投入的影响出现变化，这说明地方政府在考虑个人政治晋升因素后确实有可能会出现牺牲地方环境质量发展第二产业以增加经济增长的情况，但其影响程度不如分权带来的生态治理正向影响大，假设 5－5b 依旧成立，结论不支持假设 5－5a。

因此，总体看来，财政分权有助于地方生态治理能力提升，且通过提升信息披露水平减少信息不对称可以有效增加政府生态治理的投入水平，避免政府由于理性人假设①支配而采取偏离社会公众利益最大化目标的行为。

5.2.4 进一步检验与稳健性检验

1. 进一步检验：基于利益视角

生态治理的产物是环境质量的改善，当对生态治理产物的需求不仅

① 追求经济利益最大化，而忽略产生经济利益较小的公共基础、生态治理等的资金投入行为，对应经济学理性人假设。

出于健康层面的需求时，公众会提高参与治理的积极性。生态治理与经济关联最为密切和显著的方式是旅游业，生态环境是一地发展旅游业的基础因素，甚至是生产因素。旅游业对地区经济发展差异程度很大，广东省2016年度旅游业收入已达11560亿元，占全国旅游业收入总额的近1/3①。地区环境质量既是当地居民的公共需求，又是影响地方旅游业经济发展的重要因素，因此旅游业发达的地区相较于非旅游业发达地区应更关注生态治理建设，政府和公民对其有更为热情的参与度。与此同时，旅游业发达的地区因为游客数量众多使得当地居民生存的人均环境资源越发稀缺，人均环境资源越是稀缺的地方越是重视环境质量的提高和维护，当地居民对地方政府的生态治理投入的监督力度也就越大。由于人口密度能在一定程度上反映人均环境资源的稀缺程度，因此本书认为旅游业发展程度更多反映的是居民基于生态环境的经济利益追求。鉴于社会公民和市场等非政府主体对生态环境也多了一层利益驱动，旅游业发达地区的公民对地方生态治理参与度和监督力度都会大于非旅游业发达地区。据此，提出假设，并建立模型（5－7）。

假设5－6：旅游业发达与否会影响一地公民的生态治理参与度，即旅游业发达地区的公民对地方政府生态治理建设的监督力度大于非旅游业发达地区。

$$\mathrm{lnep}_{it} = \alpha_0 + \alpha_1 ft_{it} + \alpha_2 \mathrm{travel}_{it} + \alpha_3 ft\_tr_{it} + \alpha_4 divc_{it} + \alpha_5 \mathrm{ln}den_{it} + \alpha_6 \mathrm{sec}ond_{it} + \alpha_7 urban_{it} + \alpha_8 third_{it} + \varepsilon_{it} \quad (5-7)$$

为验证假设5－7，根据近几年中国旅游研究院发布的《中国国内旅游发展年度报告》统计结果的前十名上榜频次，将我国31个省级地区排名在前11名的视为旅游业发达地区②，其余省份为非旅游业发达地

① 资料来源：中国政府网。

② 根据中国旅游研究院发布的《中国国内旅游发展年度报告》，将广东、江苏、浙江、山东、四川、河南、贵州、北京、江西、安徽及湖北11个省份作为旅游大省进行研究，其余的20个省份作为非旅游大省。

区，并设置虚拟变量 travel，旅游业发达地区取值为 1，否则为 0。模型（5 - 7）中 ft_tr 为财政透明度与虚拟变量的乘积，主要检验旅游业发达与否是否影响政府财务信息对节能环保支出的作用。为检验结论的稳定性，分别使用固定效应和混合最小二乘法回归等方法对 2007 ~ 2015 年中国省级政府数据进行实证检验，具体结果如表 5 - 13 所示。

表 5 - 13　非政府主体利益视角的实证检验结果

变量	旅游业发达地区		非旅游业发达地区		Dummy
	FE	OLS	FE	OLS	
ft	0.0085 ** (0.011)	0.0111 *** (0.000)	0.0037 * (0.094)	0.0102 *** (0.000)	0.0096 *** (0.000)
travel					-0.1680 (0.293)
ft_tr					0.0081 ** (0.025)
fd	6.7413 *** (0.000)	6.1671 *** (0.000)	8.1735 *** (0.000)	9.2476 *** (0.000)	7.0997 *** (0.000)
lnden	0.8754 ** (0.015)	0.1290 (0.179)	0.3322 *** (0.006)	0.0636 (0.375)	0.0738 (0.240)
second	-0.0195 (0.148)	-0.0260 *** (0.002)	-0.0006 ** (0.917)	0.0175 *** (0.005)	0.0108 * (0.050)
urban	0.0140 (0.414)	-0.0023 (0.592)	-0.0955 *** (0.001)	-0.0091 *** (0.004)	-0.0051 * (0.068)
third	0.2711 (0.740)	-0.7455 (0.248)	1.6755 ** (0.036)	-1.4873 ** (0.048)	0.2768 (0.618)
constant	-4.0287	3.4329	-2.7646	2.2836	1.8607
N	99	99	180	180	279
adj-R^2	0.7597	0.7494	0.7079	0.6419	0.6137
F	43.20	49.83	65.31	54.49	56.20

分组回归的实证结果显示，固定效应模式下旅游业发达地区政府财务信息对生态治理的影响程度为 0.085，显著大于非旅游业发达地区系数为 0.0037 的影响程度，OLS 回归结果也支持该关系。因此，旅游业发达地区的公众对政府生态治理职能的监督力度大于非旅游发达地区，

假设5－6成立。总体回归结果显示，在引入旅游虚拟变量之后，财政透明度的系数依旧在1%水平下显著为正，且交互项系数在5%水平下显著为正，基本可以说明旅游业的发展强化了财政透明度对地方节能环保支出的提升作用，即旅游业发达地区的公众监督政府生态治理行为的力度比非旅游业发达地区高出了0.81%个单位，假设5－6成立。无论是出于自身经济发展角度还是出于珍惜稀缺环境资源角度考虑，旅游业的发展都促进了社会公众对地方政府生态治理职能的监督力度，提高了社会公众的生态治理参与度。

2. 稳健性检验

（1）以生态治理产出能力替代lnep作为稳健性检验。

为从生态治理能力的投入和产出两方面考察政府会计在财政分权制度下的生态治理职能，选用“工业三废”的单位投资排放量或产生量进行稳健性检验。根据表5－14列示的结果，政府会计信息披露对单位投入的“工业三废”产出量均呈现不同显著性水平下的抑制作用，财政分权因素对“三废”的单位产出量也在不同水平下呈现出抑制效果，因此可以得出结论，政府会计信息和财政分权制度对“工业三废”的单位产出水平具有抑制作用，说明二者均对生态治理能力具有提升作用，假设5－4和假设5－5b成立，假设5－5a不成立。

表5－14　稳健性检验结果1

变量	lnwat		lngas		lnwas		IV-FE
	FE	OLS	FE	OLS	FE	OLS	
ft	－0.0074** (0.014)	－0.0189*** (0.000)	－0.0068*** (0.003)	－0.0189*** (0.000)	－0.0061** (0.014)	－0.0054* (0.079)	0.0067*** (0.000)
fd	－3.2794** (0.026)	－1.0157* (0.099)	－1.6696 (0.131)	－1.0157* (0.099)	－4.0923*** (0.001)	－1.4144*** (0.007)	8.0864*** (0.000)
lnden	－0.1333 (0.473)	0.0799 (0.423)	0.0278 (0.843)	0.0799 (0.423)	0.2422 (0.114)	0.2848** (0.001)	0.4002*** (0.000)

续表

变量	lnwat		lngas		lnwas		IV-FE
	FE	OLS	FE	OLS	FE	OLS	
second	-0.0236*** (0.008)	-0.0065 (0.459)	-0.0003 (0.966)	-0.0065 (0.459)	0.0089* (0.222)	0.0402*** (0.000)	0.0006 (0.907)
urban	-0.0911*** (0.000)	-0.0095** (0.034)	-0.0271** (0.032)	-0.0095** (0.034)	-0.0076 (0.581)	-0.0314*** (0.000)	0.0332*** (0.001)
third	0.1947 (0.827)	-3.348*** (0.000)	0.8305 (0.216)	-3.348*** (0.000)	0.9680 (0.186)	0.0058 (0.994)	0.9880* (0.052)
constant	13.3646	8.258	5.8497	7.8279	2.911	1.6080	-2.7899
N	279	279	279	279	279	279	248
adj-R^2	0.5255	0.455	0.347	0.353	0.326	0.5248	0.7472
F	44.68	17.91	13.94	31.9	13.12	50.07	103.92

注：***、**、*分别表示1%、5%、10%的显著性水平。

（2）以滞后一期的支出自然对数、以收入分权替代支出分权作为稳健性检验。

为检验结果的稳健性，本书先将政府财政分权的衡量指标换成了收入分权，即以“地方财政预算收入/同期中央政府财政预算收入”为财政分权的替代变量，再将被解释变量换成滞后一期的节能环保支出的自然对数进行实证检验，结果如表5-15所示。结果显示，无论是以收入还是以支出作为财政分权的衡量标准，或是将被解释变量换成滞后一期值，财政透明度的回归系数均呈现出较为稳健的正向结果，说明政府财务信息对节能环保支出的显著正向影响是稳健的，通过提高政府财务信息披露水平提升生态治理能力是行之有效的途径。收入分权指标对节能环保支出的系数在固定效应模型检验中为8.0864，在混合最小二乘法回归模型下系数为6.0400，二者均在1%水平下显著为正。当被解释变量用支出的绝对值作为样本时，系数在各实证模型中均在1%水平下显著为正，说明目前我国财政分权制度对节能环保支出的提升作用是稳健的。本结论与傅勇、张晏（2007）等研究结论相反，可能与2007年《政府收支分类改革方案》首次设立“节能环保支出”类级科目有关。

表 5－15　稳健性检验结果 2

变量	（1）收入分权		（2）节能环保支出绝对值	
	FE	OLS	FE	OLS
ft	0.0054 *** （0.007）	0.0163 *** （0.000）	0.4625 *** （0.002）	0.7476 *** （0.000）
fd_{rev}	14.9273 *** （0.004）	16.3619 *** （0.000）	852.9286 *** （0.000）	544.7553 *** （0.000）
lnden	0.4705 *** （0.000）	0.1931 ** （0.012）	30.7494 （0.001）	－3.3205 （0.445）
second	－0.0003 （0.959）	0.009 （0.179）	－1.4496 * （0.001）	0.2662 （0.485）
urban	0.0817 *** （0.000）	0.0150 ** （0.027）	－0.6889 （0.401）	－0.4859 ** （0.014）
third	0.9071 （0.132）	－0.0060 （0.105）	100.9527 ** （0.021）	57.9233 （0.138）
constant	－4.7734	1.3681	－246.0595	－12.9226
N	279	279	279	279
adj-R^2	0.6614	0.4137	0.7230	0.6627
F	78.80	31.98	105.26	92.02

注：***、**、* 分别表示 1%、5%、10% 的显著性水平。

（3）稳健性检验。

当政府较好地完成生态治理方面的公共受托责任时，政府倾向于披露更多关于生态治理的资金使用信息，增加社会公众的好感度和信任度（Ferejohn，1999；James et al.，2002），因此政府财务信息披露程度与节能环保支出之间可能存在内生性问题。为减少内生性问题对结论的影响，选取节能环保财政支出的绝对值作为替代变量，具体结果如表 5－15 所示。根据前文阐述，政府在信息披露程度越高的情况下越容易因为外界的监督提供优质的公共服务和产品，同时政府的高水平公共服务职能发挥也有可能促进地方政府主动提高信息披露程度，因此政府会计信息披露与节能环保支出规模有可能存在内生性问题。为此，本书使用节能环保支出的绝对值作为工具变量对结论进行稳健性检验，结果表明，财务信息透明度指标系数分别为0.4625和0.7476，在1%水平下显著正相关。节能环保支出、财政分权因素系数均在1%水平下显著为正，说明节能环保支出规模呈统计意义的显著正向影响。因此，在考虑了内生性问题后，政府会计信息披露和财政分权制度对于生态治理能力的促进效应依旧是稳健的，检验结果支持假设5-4和假设5-5b，假设5-5a没有得到证实。

5.2.5 本章小结

生态治理是政府、社会组织和公民个人等社会主体为促进发展绿色经济和生态文明建设而综合运用经济、法律、制度的过程，是多元治理主体共同合作的治理行为。良好的生态环境是人类生存发展的根基，也是经济建设的基础，生态环境问题源于不合理的规制制约了绿色发展，是供给侧问题（李志青，2015），因此提升生态治理能力、构建现代化生态治理体系的关键在于制度完善。政府会计通过披露生态治理投入与成本等信息供信息使用者对生态治理效率及效果进行测评，通过提高预算管理及中长期预算信息披露对生态治理项目的资金投入确保项目的可持续性和可操作性，通过对自然资产的记录和计量反映一定时期内自然资源的价值变化及损耗情况，为构建环境污染终身追究制提供数据依据。因此，政府会计体系的构建和完善是提升一国生态治理能力的重要制度建设。

本章对生态治理能力通过投入规模和产出效果两方面进行衡量，对政府会计的生态治理职能进行实证检验。结果显示，政府会计与生态治理投入显著正向相关，且对“工业三废”的单位排放量或产出量呈1%水平下的负向作用，这说明政府会计对生态治理能力建设具有积极的正向提升作用。财政分权的系数显著为正，且明显高于其他变量的影响程度，说明在我国现阶段制度背景下，财政分权适用于我国具体国情，有助于

生态治理体系建设。人口密度和城镇化水平对生态治理投入的影响显著为正，表明人口密度越大、城镇化程度越高的地区，地方政府越注重节能环保的投入。政府会计体系的完善有助于地方生态治理能力的提升，财政分权是解决环境需求异质性的有效手段。在进一步检验中更是发现地区旅游业发达与否在一定程度上影响了公民的生态治理参与和监督力度，这给予我们的启示是，当公民对生态治理的需求不仅出于健康层面而是加入了经济因素时，公众会提高参与监督和治理的积极性。

第6章

政府会计信息的社会治理效应实证研究

6.1 理论分析与研究假设

首先，社会治理的核心层面是建立信任，尤其是政治信任在国家治理中扮演着重要角色。政治信任是指公民与政府之间的一种关系，通常被定义为公民对政府或政治系统运作产生出与他们的期待相一致的结果的信念或信心（Easton，1965；Miller，1974；Citrin，1974；Hetherington，1998)。基于社会契约论的观点，信任更多与公众多大程度上参与政治及公民生活的表现相关联，以及公民在参与的过程中产生的信任和互惠态度的结果。因此，提供公民参与及表达政治观点的途径和平台及有效互动是政府建立政治信任从而构建社会治理体系的关键节点。政府财务信息的透明度效用直接增加了社会公众对政府的信任度，因为其能更为清晰地观察到政府的行为，它提升政府的可信度，因而得以获得社会更多的支持。依据费里约翰（Ferejohn，1999）的代理模型，贝斯利和普拉特（Besley and Prat，2001）在研究中将财政透明度视作政府与选民沟通的媒介。由此，政府财务信息的主动公开是一种政府与社会公众沟通的有效方式，有助于提升政府的可信度，增强政治信任，形成社会资本核心信任要素，有助于社会治理水平的提高。

其次，制度经济学认为制度建设是民主的核心，是社会合作的外在信任表现，经济制度的改变过程涉及整个社会。当社会成员参与到制度化进程中时，他们才能被所在社会接受并获取支持，并逐渐形成统一的社会主义核心价值观（Meyer and Rowan，1977）。信任和合作是国家治理的重要机制，政府必须主动向社会公众及其他利益相关者证明自己是值得信任的，这就必须通过特定的、积极的信号进行传递得以实现。法律等良好的制度使非腐败行为产生信任（Knack and Kecfer，1997；Knack and Zack；2002；Rothstein，2003），而财政透明是政治信任的一个组成部分，“只有当透明度的比例足够大时，信任才是理性的”（Brennan，1998），这为政府会计在社会治理领域发挥职能提供了理论依据。完备的政府会计体系提供的政府会计信息是政府提升自身透明度最直接最有效的方式，其信息是最客观最具可比性的。与此同时，政府主动及时地披露政府会计信息，接受公众的监督，有助于公民形成“民本位”认知，促进公民的“主人翁”意识，以客观系统地数字建立政府与公民的沟通渠道，调动社会公民的政治参与热情，增强社会活力。《企业行为准则制定指南》（IFAC）政策立场指出，提供关于支出和交易的准确、完整的信息是在政府和其成员之间建立信任、展示问责和管理是加强其自身信誉的唯一途径。因此，政府会计信息的披露以及实现政府会计信息披露的完善的政府会计体系构建有助于提升政府信息透明度，为公民提供合理有效的政治参与及互动路径。权责发生制为基础的政府财务会计信息强化责任与权力对等思想，披露更具经济实质的信息，管理会计确认政府当期的成本费用信息，便于信息使用者掌握了解政府部门提供公共服务和公共产品的成本，以及政府使用公共资源的有效性和必要性。因此，基于制度经济学理论，政府会计制度的改革不仅涉及政府部门及国家层面的财政预算信息，其制度完善工作有助于统一社会主义核心价值观，减少社会摩擦，是影响社会公民对于政府职能认识及个人在国家治理中的职能界定的重要制度。由此，提出本章假设。

假设6-1：地方政府会计信息披露程度与地方社会治理投入规模正向相关，即一地政府会计信息披露水平越高，地方社会治理投入规模越大。

假设6-2：地方政府会计信息披露程度与地方社会治理效果呈正向关系，即一地政府会计信息披露水平越高，地方社会治理指数越高。

6.2 研究样本与变量设置

社会治理的核心是满足公众利益（姜晓萍，2014）。因此，社会治理的宗旨是政府如何向社会有效提供公共服务，社会治理的水平高低取决于公众享受的公共服务产出水平（田发和周琛影，2016）。据此，对于社会治理的衡量主要基于治理的投入和治理的效果两方面。其中，社会治理投入水平用地方人均社会服务费表示，该指标数值越大，表明用于人均享有的社会服务支出越多，越有可能保障公众的社会服务需求。该数据由地区每年社会服务经费与年末人口数相除而得，省级社会服务经费来自Wind数据库，地区年末人口数取自《中国统计年鉴》。对于社会治理效果的衡量方面，目前国际上主要以世界银行考夫曼（Daniel Kaufmann）及其同事开发的“世界治理指标”（1996，1998，2000，2002，2003，2005，2006）、朱利叶斯·科特（Julius Court）等人的世界治理调查（World Governance Survey）、联合国人居署报告的城市治理指标体系等为主，这些数据的获取均采用问卷调查结果计算得出。国内的社会治理评价指标主要有中国社会治理评价指标体系（CSGI）、何增科的城市善治指数等。其中，上海理工大学田发等（2015，2016a，2016b，2017）对财政制度与社会治理能力的影响路径、社会治理指数测算等方面进行了

系统的研究；周武星、田发（2015）系统构建了地方社会治理能力指标体系，并测算了31个省级地区2007～2013年社会治理水平；随后，田发、周琛影（2016）研究中运用相同的指标体系和计算方法得出了各省级地区2007～2014年的社会治理水平指数。据此，选取田发、周琛影（2016）测算的2007～2014年我国31个省级地区的社会治理指数进行衡量。

政府会计信息披露选取上海财经大学课题组评估的省级政府数据进行研究，与社会治理研究样本匹配，最终研究样本为2007～2014年248个观测值，主要变量设置及说明如表6－1所示，实证检验过程使用STATA 14.0进行操作。

表6－1　　　　主要变量设置说明

变量类型	变量名称	变量说明
被解释变量	社会治理投入水平	地方人均社会服务费（pssf）
	社会治理指数	田发、周琛影（2016）测算的社会治理指数（sg）
解释变量	政府会计信息披露	以百分制换算的财政透明度得分（ft）
控制变量	地区经济发展程度	人均GDP的自然对数（lnpgdp）
	政府规模	预算内财政支出占GDP比重（gs）
	地区教育水平	地区人口中大专以上人数占总人数比重（pedu）
	城镇化程度	地区非农人口数占人口总数的比重（urban）
	地区开放程度	人均外商投资总额（pfdi）

根据已有研究，经济发展水平、政府规模、地区教育水平、城镇化程度等因素对公共服务的供给和效果产生影响（毛雁冰等，2015；田发和周琛影，2016；申亮等，2017）。首先，地方经济发展水平可能是影响社会治理水平的重要因素，因为经济发展程度越好的地区，可应用于社会治理的经济资源越丰厚；其次，地区政府规模越大，越多参与地方经济发展，对经济发展的影响越大，同时政府的财政资金规模直接影响政府可使用的投入社会治理的资金规模；最后，地区教育水平越高的城市越有可能要求更高质量的社会治理水平，越能促进地区社会治理的发展；依据保罗·克鲁格曼等人的聚集效应原理，社会治理水平高低与地区城

镇人口聚集程度有很大关系，相对于人口稀疏的地方，人口聚集地区的公共服务人均成本更低，规模递增效应更大。同时，地区经济开放性越大的城市越倾向于较高水平的公共服务。基于此，选取以上因素作为社会治理水平回归模型的控制变量。

由此，为检验假设6－1及假设6－2，本章实证模型如下：

$$\mathrm{pssf}_{it} = \alpha_0 + \alpha_1 ft_{it} + \alpha_2 \ln pgdp_{it} + \alpha_3 gs_{it} + \alpha_4 pedu_{it} + \alpha_5 urban_{it} + \alpha_6 pfdi_{it} + \varepsilon_{it} \tag{6-1}$$

$$\mathrm{sg}_{it} = \beta_0 + \beta_1 ft_{it} + \beta_2 \ln pgdp_{it} + \beta_3 gs_{it} + \beta_4 pedu_{it} + \beta_5 urban_{it} + \beta_6 pfdi_{it} + \varepsilon_{it} \tag{6-2}$$

6.3 实证检验与结果分析

1. 描述性统计及相关性系数分析

表6－2反映了样本期间主要变量的描述性统计结果，可以看出，人均社会服务费的均值为215.33，最大值与最小值相差十倍之多，说明地区间社会治理投入差距甚大，且标准差108.20也说明地区间社会治理投入差距的显著程度。社会治理指数统计结果显示均值与中位数相差甚微，说明数据基本吻合正态分布，适合进行下一步的回归检验，其最小值与最大值差异说明我国社会治理可以达到很有效的程度。财政透明度的均值为30.14，中位数为25.17，说明未达到我国平均财政透明度水平的省份居多，普遍地区财政透明度偏低，标准差显示省份间财政透明度差异较大，不同省份披露政府财务信息的行为迥异。

表6－2　主要变量描述性统计

变量	样本量	均值	中位数	最小值	最大值	标准差
pssf	248	215.33	196.66	50.44	566.97	108.20
sg	248	0.54	0.53	0.24	1.15	0.15

续表

变量	样本量	均值	中位数	最小值	最大值	标准差
ft	248	30.14	25.17	11.52	77.70	12.37
lnpgdp	248	1.15	1.16	-0.23	2.34	0.55
gs	248	0.24	0.20	0.08	1.29	0.19
pedu	248	0.80	0.69	0.10	3.24	0.49
urban	248	51.42	49.31	21.50	89.60	14.52
pfdi	248	0.23	0.08	0.01	2.19	0.35

表6-3报告了主要变量的相关系数矩阵。结果显示，无论是人均社会服务费支出还是社会治理指数，均与政府财务信息披露水平呈现正向相关关系，相关性系数分别为0.2388和0.3428，且均在1%水平下显著，说明政府财务信息披露水平对社会治理无论是治理力度还是治理效果均呈促进作用，假设6-1和假设6-2初步得到证实。其他控制变量，经济发展水平、地方教育水平、城镇化程度与社会治理主要变量均呈1%水平下显著的正向关系，说明经济发展是促进文化治理和社会治理的正向作用因素，与前文推论相符；政府规模与社会治理的关系较为有趣，在与人均投入关系中呈现正向显著关系（与人均社会服务费相关系数为0.3879，且在1%水平下显著为正），但在治理效果检验中却呈负向关系，具体作用结果有待实证进一步检验。

表6-3　主要变量的相关系数矩阵

变量	pssf	sg	ft	lnpgdp	gs	edu	urban	pfdi
pssf	1							
sg	0.4720***	1						
ft	0.2388***	0.3428***	1					
lnpgdp	0.4084***	0.8219***	0.3577***	1				
gs	0.3879***	-0.1008	-0.0413	-0.2858***	1			
edu	0.4246***	0.8047***	0.1432**	0.7147***	-0.2176***	1		
urban	0.1596**	0.7585***	0.1509**	0.8215***	-0.4500***	0.8443***	1	
pfdi	0.0100	0.6040***	0.0648	0.5950***	-0.2089***	0.6637***	0.7883***	1

注：***、**、*分别表示1%、5%、10%的显著性水平。

2. 实证结果分析

分析采用的数据为平衡面板数据，为实证检验政府会计信息对社会治理的作用效果，先进行静态层面的分析与讨论。从 Hausman 检验结果来看，本章的实证设计更符合固定效应模型，因此本章采用固定效应模型进行估计，与此同时给出了混合最小二乘法的回归结果以消除模型误差项的自相关性，具体结果如表 6 – 4 所示。

表 6 – 4　　政府会计信息的社会治理效应的实证检验结果

变量	pssf		sg	
	FE	OLS	FE	OLS
ft	0.4504 * (0.089)	0.4360 * (0.099)	0.0006 ** (0.047)	0.0013 *** (0.000)
lnpgdp	85.1775 *** (0.000)	120.8453 *** (0.000)	0.0393 * (0.061)	0.1273 *** (0.000)
gs	601.9292 *** (0.000)	250.6373 *** (0.000)	0.2384 *** (0.001)	0.1182 *** (0.000)
pedu	53.3820 ** (0.025)	157.0254 *** (0.000)	0.1247 *** (0.000)	0.1384 *** (0.000)
urban	7.6802 *** (0.000)	3.3794 *** (0.000)	0.011 *** (0.000)	0.001 (0.276)
pfdi	54.4578 ** (0.026)	–117.0294 *** (0.000)	0.039 (0.182)	0.0176 (0.397)
cons	–494.2207 ***	82.8496 **	–0.2416 **	0.2084 ***
时间因素	Control	—	Control	—
地区因素	Control	—	Control	—
adj-R^2	0.8518	0.6528	0.7722	0.7992
N	248	248	248	248
Wald Chi2/F	202.15	75.53	119.23	164.87

注：***、**、* 分别表示 1%、5%、10% 的显著性水平。

本章主要关注政府会计信息披露水平的回归结果。从回归结果来看，表 6 – 4 列 pssf 中，会计信息的系数在固定效应和一般最小二乘法两种回归模式中均为正，且统计意义上在 10% 水平下显著，表明政府会计信息在一定程度上促进了人均社会服务费用的支出，即政府会计信息披露水平的提高能够促进地方人均社会服务费用的增加，假设6－1得以证实。而对于社会治理的回归结果，会计信息的回归系数在两种回归模式下均为正，且显著性分别在5%和1%水平下显著，说明政府会计信息披露水平对社会治理指数存在正向促进作用，即政府会计信息披露水平越高，地方的社会治理指数越高，假设6－2得到证实。

控制变量的回归结果中，经济发展程度对人均社会服务费和社会治理指数均在两种估计方法下呈显著的正向作用，这表明，无论是对社会治理投入规模还是对社会治理效果，经济发展在我国均扮演了推动作用，与西方主流研究的结果呈相悖状态，这可能与我国人口众多资源有限的特殊国情有关，社会治理的投入和体系构建需要经济发展的资源基础，抑或是经济发展越好的地方越注重社会治理体系的构建和社会治理的投入。政府规模对社会治理的投入力度和治理效果均呈显著的正向促进作用，表明地方政府规模越大越注重社会治理的投入，且治理结果越好。地区教育水平对社会治理的投入规模及社会治理效果均在不同回归模式中呈显著正向影响，即地方教育水平越高，社会治理的投入规模越大，治理效果越好。城镇化水平对社会治理总体呈正向影响趋势，对社会治理的人均投入影响程度显著上优于对社会治理的效果影响，即地方城镇化水平越高，对社会治理越容易形成正向的聚集效应，与理论吻合。地方经济开放程度以人均外商投资额衡量时并未得出稳健的统一性结论，因此地区经济开放程度对社会治理的总体作用方向及规模有待进一步考察。

6.4　进一步检验与稳健性检验

1. 进一步检验

（1）分区域因素分析。

根据制度经济学理论，制度的变迁与改革不仅影响组织本身，也影响着整个社会，因此政府财务相关制度的改革不仅影响政府组织，还将对整个社会经济产生影响。由于政府会计的内外连接作用及其特殊属性，外部环境的差异是导致同样制度实施结果不一致的重要因素。我国国土面积广阔，各区域经济发展战略、禀赋和政策法规等的巨大差异，导致各区域的经济增长途径、制度作用路径等存在诸多不同。因此，通过划分东部、中部和西部区域，可以进一步分析政府会计信息对社会治理的影响，固定效应模型的实证检验结果如表6－5所示。

表6－5　分区域政府会计信息的社会治理效应的实证结果

变量	(1)			(2)		
	东部	中部	西部	东部	中部	西部
ft	0.5818* (0.067)	0.2934 (0.336)	0.3854 (0.524)	0.0004 (0.568)	0.0003** (0.040)	0.0008* (0.069)
lnpgdp	122.2588*** (0.000)	92.1611*** (0.000)	109.841 (0.140)	0.1414** (0.033)	0.0068 (0.789)	0.0216 (0.681)
gs	546.5495*** (0.000)	809.2221*** (0.000)	470.9513*** (0.000)	0.8718* (0.005)	－0.2470 (0.170)	0.2365 (0.003)
pedu	107.3875*** (0.000)	65.2553 (0.144)	－45.0077 (0.417)	0.1175** (0.021)	0.1064* (0.078)	0.0064 (0.870)
urban	－1.5417 (0.580)	2.9377 (0.270)	16.6703** (0.014)	0.0005 (0.930)	0.0120** (0.001)	0.0133* (0.006)
pfdi	52.3225*** (0.005)	353.8898 (0.267)	－764.9844** (0.019)	0.0504 (0.199)	0.2332 (0.585)	1.0657*** (0.000)
constant	－159.067	－277.473	－643.6213	0.0821	－0.1196	－0.2781
时间因素	Control	Control	Control	Control	Control	Control
地区因素	Control	Control	Control	Control	Control	Control
N	88	64	96	88	64	96
adj-R^2	0.8833	0.9167	0.8704	0.7194	0.8090	0.9014
F	89.55	91.72	87.33	30.34	35.50	118.88

注：***、**、*分别表示1%、5%、10%的显著性水平。

根据回归结果显示，政府财务信息对人均社会服务经费的影响在三个地区均呈现正向影响，但只有东部地区的系数在10%水平下统计意义

上显著，另外两个区域的正相关关系在统计意义上并不显著；政府会计信息对社会治理水平的作用关系在三个地区均呈现正相关关系，然而中部和西部地区的正向关系在统计意义上显著，东部地区并不显著。该实证结果表明，政府财务信息作用于社会治理的具体途径随地区差异而变化，东部地区相对经济发达，政府会计信息的披露更直接作用于社会治理的实际人均支出上，而中部和西部地区经济发展相对落后，其作用并非直接作用于人均社会服务经费上，更多地体现在各方面的治理效果上。经济发展水平对于社会治理的影响也在不同区域体现出不同的效果，其中东部地区的经济发展无论在对社会治理支出方面还是治理效果方面均呈现不同水平统计意义上的正向相关关系；中部地区的经济增长对社会治理支出方面的正向关系显著性较强，在治理效果方面并未证实统计意义的显著；西部地区无论是对治理支出的作用还是治理效果的作用均未通过某一显著性水平的验证。其他控制变量的影响程度和作用方向也均呈现出迥异的结果，这有助于不同地区的社会治理制度建设的切实性和有效性，我国不同区域的制度作用路径确有不同，在发展社会治理现代化体系的过程中应分领域制定政策，实施更有效作用于地区社会治理发展的改革方案。

（2）按市场发展程度分组分析。

如前所述，政府会计制度的改革对不同外部环境的作用机制和影响路径存在差异，地区间市场发展程度的不同可能对社会治理的投入资源存在影响，同时地区对资源配置的偏好也会随着市场发展程度的不同而产生分歧，由此，以市场发展程度的高低将样本分为两组，进一步分析政府会计对社会治理的影响。其中市场发展程度数据取自樊纲等（2015）编制的各省份市场化进程的总得分，并按年份取市场化进程均值，将大于等于均值的样本设为市场化程度高组，否则为低组，具体固定效应面板数据的回归结果如表 6－6 所示。与此同时，笔者也在分组基础上作了混合 OLS 回归检验，实证回归结果支撑固定效应模型的基本结论，因此未在书中具体列示。

表 6 - 6　按市场发展程度分组的政府会计信息的社会治理效应实证检验结果

变量	(1)		(2)	
	高	低	高	低
ft	0.6139 * (0.082)	0.3635 (0.327)	-0.0001 (0.799)	0.0009 *** (0.009)
lnpgdp	100.5702 *** (0.000)	110.7179 *** (0.004)	0.0775 * (0.059)	0.0228 (0.501)
gs	795.0404 *** (0.000)	416.7952 *** (0.000)	0.4880 * (0.058)	0.2663 *** (0.000)
pedu	74.9859 * (0.005)	51.0216 *** (0.258)	0.1106 *** (0.009)	0.0088 (0.828)
urban	0.1601 (0.953)	11.2304 *** (0.001)	0.0084 * (0.054)	0.0137 *** (0.000)
pfdi	79.2204 ** (0.032)	67.1199 * (0.051)	0.1508 ** (0.011)	-0.0671 ** (0.031)
cons	-208.0227	-541.9967	-0.2589	-0.2388
adj-R^2	0.8407	0.8933	0.7794	0.8374
N	124	124	124	124
F	87.05	138.18	58.30	84.97

注：***、**、* 分别表示 1%、5%、10% 的显著性水平。

根据表 6 - 6 所示，政府财务信息对人均社会服务经费的影响在市场化进程高的组别在 10% 水平下显著为正，且系数明显大于全样本组系数，说明在市场化进程高的省份，政府财务信息披露程度越大，对社会治理的投入规模的正向作用越大。而政府财务信息对社会治理指数的影响，在市场化进程低的组别呈现 1% 水平下的显著为正，说明政府财务信息在市场化进程较慢的地区更能发挥提高社会治理效果的作用，而在市场化水平高的地区，政府财务信息反而不能发挥更多的治理作用。这个有趣的结果体现了政府财务信息制度与外部经济社会环境的替代作用，当外部经济环境较差时，政府会计信息将承担显著的社会治理作用；当外部

经济环境较好时，社会治理水平的提升将不再依赖于政府会计信息的披露。这有助于不同市场环境的社会治理制度的设计，实施更有效作用于地区社会治理发展的改革方案。

（3）按教育程度分组分析。

政府财务信息对于各项治理水平的作用路径很大程度依赖于信息披露者及信息使用者的信息解读能力及治理参与能力，而这些能力均与教育程度息息相关，这也是教育水平在不同治理领域均存在相关性的原因所在。众多治理领域中，政府会计对社会治理的作用路径相对复杂，社会治理最终治理结果的呈现又在一定程度上取决于社会公民的感知或解读，因此，笔者以为教育程度对政府会计发挥社会治理职能的影响更为复杂且需进一步探究。由此，以教育支出为衡量标准，将按年份大于等于教育支出均值的样本设置为高组，否则为低组，进一步分析政府会计对社会治理的影响程度，具体固定效应面板数据回归结果如表6－7所示。

表6－7　按教育程度分组的政府会计信息的社会治理效应实证检验结果

变量	(1)		(2)	
	高	低	高	低
ft	-0.4222 (0.374)	0.4834 (0.120)	0.0003 (0.722)	0.0015 *** (0.001)
lnpgdp	217.6230 *** (0.000)	62.1395 *** (0.004)	0.1462 *** (0.000)	0.1167 *** (0.000)
gs	934.7683 *** (0.000)	553.5574 *** (0.000)	0.0540 (0.569)	0.1450 *** (0.000)
pedu	113.0877 *** (0.000)	-32.7725 (0.445)	0.1778 *** (0.000)	0.1004 ** (0.026)
urban	-7.7886 ** (0.023)	12.8005 *** (0.000)	-0.0044 ** (0.018)	0.0015 (0.182)
pfdi	3.6377 (0.910)	31.8682 (0.330)	0.0712 ** (0.033)	0.0087 (0.802)
cons	84.4251	-588.4872	0.4465	0.1538
adj-R^2	0.9192	0.8436	0.8062	0.6382

续表

变量	(1)		(2)	
	高	低	高	低
N	78	170	78	170
F	108.01	124.95	54.37	50.69

注：***、**、*分别表示1%、5%、10%的显著性水平。

根据表6-7结果所示，政府财务信息对人均社会服务经费的回归系数在高、低组别中符号相反，但均未通过显著性检验，因此在统计意义上无法说明。政府会计信息对社会治理指数的影响在高、低组别的回归系数均为正，其中低组的系数明显大于高组，且在1%水平下显著，由此，政府财务信息的披露水平对教育支出较低的地区更具社会治理效应。与前文结论类似，在教育程度较高的地区，政府财务信息的披露与否的政治意义大于实际意义，而在教育程度较低的地区，政府财务信息的披露更有助于地区社会治理指数的增长，有助于社会治理水平的提升。因此，应区分不同的教育程度，开展符合地方实际的社会治理体系建设。

（4）按信息披露程度分组分析。

鉴于政府会计作用于社会治理的复杂性和细微性，为进一步探究政府会计的治理职能发挥程度及可行性，将全样本以政府会计信息披露程度的高低分为两组探究政府会计的治理作用，与前文处理类似，以政府财务信息披露按年份均值为标准，大于等于均值的省份设置为信息披露程度高组，否则为低组，具体实证回归结果如表6-8所示。

表6-8　按信息披露程度分组的政府会计信息的社会治理效应实证检验结果

变量	(1)		(2)	
	高	低	高	低
ft	1.1573* (0.054)	4.5504*** (0.000)	0.0018*** (0.004)	0.0014 (0.181)
lnpgdp	78.2265*** (0.001)	120.3949*** (0.000)	0.0770*** (0.002)	0.1518*** (0.000)

续表

变量	(1)		(2)	
	高	低	高	低
gs	207.6998 *** (0.000)	273.5878 *** (0.000)	0.1474 *** (0.001)	0.0933 ** (0.015)
pedu	169.6029 *** (0.000)	136.1091 *** (0.000)	0.1667 *** (0.000)	0.0881 ** (0.002)
urban	-2.4968 * (0.066)	-3.1694 *** (0.009)	0.0011 (0.420)	-0.0001 (0.929)
pfdi	-92.8355 *** (0.001)	-148.5948 *** (0.000)	-0.0209 (0.454)	0.0575 * (0.063)
cons	32.2147	-1.2372	0.1712	0.2269
adj-R^2	0.7139	0.6856	0.8283	0.7820
N	97	151	97	151
F	40.92	55.53	78.2	90.69

注：***、**、* 分别表示1%、5%、10%的显著性水平。

回归结果显示，政府财务信息披露水平在高组和低组均与社会治理支出水平呈不同水平下的显著正相关关系，但透明度低的组别中其正向关系明显大于高组（4.5504 > 1.1573），说明在信息披露水平低的组别中，提高政府财务信息透明度的治理作用更为显著和有效。而对社会治理指数的影响分析中，透明度高的组别的正向作用更为显著，且在1%水平下显著，低组中并未通过显著性检验。由此，在政府财务信息披露水平不同的地区，政府财务信息发挥治理职能的作用路径并非一致，在透明度较高的地区政府财务信息更直接作用在社会治理效果上，而在透明度较低的地区，政府财务信息披露水平的提高更多作用在社会治理的支出水平上，进而影响治理效果。鉴于此，不同政府财务信息披露水平的地区应制定不同的社会治理体系，将政府财务信息的使用效用最大化。

2. 稳健性检验

考虑地区经济发展速度、财政支出及人口规模等因素对社会治理水平的动态影响，且社会治理水平的发展很大程度上依赖于上一年度的延续，与上一年度该地区的治理水平密切相关，因此使用系统 GMM 方法进行分析。同时，为检验实证分析结论的稳健性，将经济发展水平、政府规模、教育水平及经济开放程度等衡量方法进行了替换，并采用固定效应面板模型方式进行检验，结果展示在 IV-FE 栏中。其中经济发展水平以地区 GDP 的自然对数衡量，政府规模由财政总支出的自然对数衡量，教育水平以地区教育支出的自然对数衡量，城镇化程度以地区人口密度衡量，地方经济开放程度以外商投资总额占地方 GDP 的比重衡量，数据来源于《中国统计年鉴》及 Wind 数据库。表 6－9 中列示了稳健性检验的回归结果，与前文结论基本一致，这表明，在考虑了内生性问题后，政府会计信息披露对社会治理的投入规模和治理效果的结论是稳健的。

表 6－9　　　　稳健性检验结果

变量	pssf		sg	
	GMM	IV-FE	GMM	IV-FE
l. y	0.4690*** (0.000)	— —	0.8123*** (0.000)	— —
ft	2.3468*** (0.000)	0.8901** (0.024)	0.0003 (0.182)	0.0024*** (0.000)
lnpgdp	-7.1872 (0.627)	-129.059*** (0.000)	0.0183** (0.028)	0.0229 (0.346)
gs	152.398*** (0.000)	291.8284*** (0.000)	0.1228*** (0.002)	0.2353*** (0.000)
pedu	199.164*** (0.000)	-83.3730*** (0.001)	0.0216 (0.380)	-0.1660*** (0.000)
urban	-0.2454 (0.868)	-0.0110*** (0.004)	0.0018* (0.070)	-0.0001 (0.208)
pfdi	-216.8095*** (0.000)	9.8207 (0.870)	-0.0365 (0.107)	0.5843*** (0.000)
constant	-63.2062	450.4016	-0.0364	1.0029
Wald chi2(7)/Adj-R^2	1165.05	0.5675	4624.73	0.7427
N	217	248	217	248
F	—	52.49	—	101.49

注：***、**、*分别表示 1%、5%、10% 的显著性水平。

社会治理的投入规模与治理效果受地区人口的聚集程度影响，为考察政府会计的治理效应稳健性，剔除北京、天津、上海和重庆四个直辖市后对样本进行了再一次的回归检验，经 Hausman 检验后采用固定效应回归，并辅以混合 OLS 回归结果说明，如表 6－10 所示。可以看出，剔除直辖市后的控制变量显著性普遍提升，且解释力变强，同时政府会计信息的系数均为正，基本通过稳健性检验，说明实证检验结论基本成立，政府财务信息的披露有助于地方社会治理能力的提升，政府会计制度的改革有利于社会治理体系的现代化建设。

表 6－10　剔除直辖市后的政府会计信息的社会治理效应的实证检验结果

变量	(1)		(2)	
	FE	OLS	FE	OLS
ft	0.3546 * (0.084)	0.0184 (0.351)	0.0004 (0.128)	0.0012 *** (0.003)
lnpgdp	83.3348 *** (0.000)	110.1938 *** (0.000)	0.0376 ** (0.062)	0.1101 *** (0.000)
gs	580.6009 *** (0.000)	258.1745 *** (0.000)	0.2132 *** (0.001)	0.1454 *** (0.000)
pedu	5.0627 (0.860)	211.3901 *** (0.000)	0.0601 * (0.067)	0.1582 *** (0.000)
urban	10.0860 *** (0.000)	－3.1950 *** (0.003)	0.0135 *** (0.000)	0.0011 (0.329)
pfdi	35.8129 (0.229)	－144.2538 *** (0.000)	－0.0140 (0.680)	0.0531 * (0.071)
cons	－527.5411	58.0268	－0.2738	0.1608
时间因素	Control	—	Control	—
地区因素	Control	—	Control	—
adj-R^2	0.8591	0.6211	0.7854	0.6806
N	216	216	216	216
F	186.02	59.74	111.60	77.34

注：***、**、*分别表示1%、5%、10%的显著性水平。

对于政府会计的文化治理效应分析，本章并未展示实际的实证结果予以说明，首先，因为文化与制度之间是相互影响的，且制度对于文化的影响所需时间更长，制度对文化的作用需要长期检验，毕竟信任等核心文化的形成需要时间。其次，鉴于目前我国政府会计体系改革处于进行阶段，许多市县地区并未实质性展开，制度的改革尚未落实，其对文化的影响程度更为减弱。最后，鉴于我国对文化治理领域的指标或评价体系的研究尚处于起步阶段，无法形成有效的文化治理指标评价体系或数据库，受限于笔者的知识范畴及时间和精力，该部分无法展开有效的实证检验工作，这也是笔者将持续关注的研究领域。

6.5 本章小结

社会治理的核心层面是建立信任，尤其是政治信任。政府信任是公众与政府之间这种委托—代理关系存续的最重要的因素，政府财务信息的主动公开是一种政府与社会公众沟通的有效方式，有助于提升政府可信度，增强政治信任，形成社会资本核心信任要素，有助于社会治理水平的提高。制度经济学认为制度建设是民主的核心，是社会合作的外在信任表现，良好地制度绩效将增加人们对政府的信任。因此，政府会计信息的披露及实现政府会计信息披露的完善，有助于提升政府信息透明度及政府会计体系构建，为公民提供合理有效的政治参与及互动路径。社会治理的核心是满足公众利益（姜晓萍，2014）。因此，社会治理的宗旨是政府如何向社会有效提供公共服务，社会治理的水平高低取决于公众享受的公共服务产出水平（田发和周琛影，2016），本章对于社会治理的衡量主要基于治理的投入和治理的效果两方面，并分别进行了实证检验。实证结果显示，政府会计信息披露水平的提高能够促进地方人均社会服务费用的增加，且其对社会治理指数存在正向促进作用，即政府会计信息披露水平越高，地方的社会治理指数越高，说明政府会计对社会

治理体系建设具有积极的作用。经济发展程度对人均社会服务费和社会治理指数均在两种估计方法下呈显著的正向作用，这表明经济发展水平在我国的社会治理能力发展中扮演了推动作用，教育水平、地方政府规模及城镇化水平总体上对社会治理呈现出积极的作用，但政府会计的社会治理作用在不同区域、不同市场化程度、教育水平，甚至是不同政府会计信息披露地区的作用路径均有所不同，体现出与外部经济社会制度的替代性作用，对地方社会治理制度体系建设的设计具有指导意义。

研究结论、建议与展望

7.1 研究结论

本书基于国家治理需求视角探索政府会计的治理职能路径，以及符合我国国家治理体系现代化建设的政府会计体系。首先，通过梳理国际和我国政府会计制度变迁的历史轨迹，对政府会计的改革规律及改革意义有一个基本认识，同时通过文献梳理对政府会计的基本要素及报告体系有个总体掌握，并对国家治理的理论和实践发展相关理论进行明晰。其次，根据国家治理对象的不同将治理体系分为政治治理、经济治理、社会文化治理及生态治理，并分别根据已有理论研究，构建政府会计在不同治理领域的理论模型，分三个章节以我国省级政府为研究对象实证检验相关理论命题。同时实证检验我国的财政体制、经济发展水平及教育水平等因素对政府会计的治理效应的影响分析。最后，根据理论分析及实证检验结论，以国家治理信息需求为目标构建符合我国国家治理体系现代化建设的政府会计体系，并根据不同职能将政府会计分为政府预算会计、政府财务会计及政府管理会计，以职能划分建立政府会计报告体系。经过研究，主要得出以下结论。

（1）国家治理体系是一个以目标体系为追求、以制度体系为支撑、以价值体系为基础的结构性功能系统，而政府会计体系则是耦合“善治”治理目标、追求可持续发展与民生民权改善目标的政府行政系统的重要制度组成部分，其职能作用及影响机制覆盖公务员系统、市场和企业、公民及组织、地方和基层等各制度体系，是国家治理体系建设的重要组成部分。政府会计作用于国家治理的各子治理体系，政府预算会计、政府财务会计和政府管理会计体系在治理机制中均发挥不同的职能，相互依赖又适度分离，缺少任何一个子系统都会使治理体系出现缺陷。因此，应建立相互衔接又适度分离的以政府预算、财务和管理会计为一体的政府会计体系。

（2）政治治理是国家治理体系构建的基础和核心，是国家实现善治的重要保障，其治理的核心是财政资源的有效配置和公共权力的合理运行。政府会计的天然核算和监督职能耦合政治治理目标对财政资源的计量和记录更是治理工作的基础和技术性支持，因此政府会计成为政治治理中不可或缺的重要支柱性治理机制。省级政府数据实证检验结果表明，即使以预算会计为主的政府会计体系依旧可以部分发挥政府会计的治理职能，具体体现在对政府经济性支出规模的限制、对政府债务规模的控制和对腐败可能性的抑制方面。

（3）市场经济的健康、平稳发展是中国建设集政治、经济、社会、文化和生态文明于一体的国家治理体系的基础保障，政府作为参与市场经济发展的重要主体，其自身的治理能力和财政资源配置能力均对市场经济产生重大影响，因此，符合经济治理现代化要求的政府会计体系改革直接影响经济治理能力及治理效果。实证结论表明，政府会计信息能够通过促进地区经济增长和防范债务规模引起的经济风险两条路径作用于经济治理，提升政府会计信息披露水平是提高经济治理水平的有效途径，且经济发展水平越高，政府会计体系发挥的经济治理作用越显著。政府会计发挥治理职能的过程中，公众积极参与监督程度直接影响治理效果。

（4）社会治理的核心层面是建立信任，尤其是政治信任。政治信任是社会文化“善治”的基础，是影响经济发展，维持政府合法性、社会稳定性和可持续发展的重要因素，在国家治理中扮演重要角色。完备的政府会计体系提供的政府会计信息是政府提升自身透明度最直接最有效的方式，其信息是最客观最具可比性的。实证结果显示，政府会计信息的披露及实现政府会计信息披露的完善的政府会计体系构建有助于提升政府信息透明度，为公民提供合理有效的政治参与及互动路径。良好的生态环境是人类生存发展的根基，也是经济建设的基础，生态环境问题源于不合理的规制制约了绿色发展，是供给侧问题，政府会计通过披露生态治理投入与成本等信息供信息使用者对生态治理效率及效果进行测评，通过提高预算管理及中长期预算信息披露对生态治理项目的资金投入确保项目的可持续性和可操作性，通过对自然资产的记录和计量反映一定时期内自然资源的价值变化及损耗情况，为构建环境污染终身追究制提供数据依据。

7.2　政策建议

本书以国家治理体系和治理能力现代化建设为背景机制，研究了政府会计体系变革对国家治理体系和治理能力的作用，提出了些许见解，并用实证方法检验了理论逻辑推导出的假设成立性。因此，本书对于政府会计体系的设置和准则制定者具有一定的参考价值，对于社会公众和其他政府利益相关者也具有一定的启示作用。基于前文的分析及研究结论，本章提出以下几点启示与建议。

（1）根据预算管理系统需求优化政府预算会计。政府预算会计最根本的目的是反映和控制政府预算执行过程及结果，因此其与预算的法定性和强制性紧密相连，其会计信息直接使用于预算管理过程中。为更大

程度地发挥政府会计的治理职能，优化政府预算会计，建立以收入预算、支出预算、政府采购预算和基金预算为体系的预算会计模式，实现全面预算管理的控制与管理目标。重视公共项目预算会计信息的完善与系统化，及时披露公共项目预算信息，主动接受公众监督，实现政府资源良性进入市场机制，降低政府与社会资本合作过程中的交易成本。逐步建立中长期预算机制，合理运用战略性目标规划短期及中期的政府财政资源，以中长期预算报告的形式向社会公众及财政管理者阐明政府的政策意图及变动方向，确保其法定约束力的地位，真正将政府预算会计的管理职能和计划职能发挥出来。最后，逐步发展参与式预算制度。参与式预算不仅是预算管理的技术创新，更体现为执政的理念创新，使社会公众以合理合法的方式最直接地参与到预算的编制和管理过程中，有助于公众认知水平的提升，有利于民本位意识的建立，对政府提升公信力、形成与社会之间的信任从而提升社会资本具有最直接的作用，直接作用于社会文化治理能力的提升。

（2）政府财务会计的建立对治理能力的建设意义重大。首先，以权责发生制为计量基础的政府财务信息与国民经济核算体系框架一致，政府财务会计系统产生的财务数据是国民经济核算的数据基础。其次，政府债务的全面计量与记录直接完善了政府债务风险预警系统的基础数据，保障了政府未来发展的风险防控工作的可行性，保证地方经济及其他社会保障及福利项目的稳定性。再次，政府财务信息与预算会计信息的结合有利于预算管理工作向更高层次的目标发展，基于权责发生制计量的应计、预计收入和支出数据，以及收付实现制预算会计体系的计划和实际发生数额的比较分析，有利于政府财务资源的管理与评价。最后，政府财务会计体系的建立是进一步发展政府管理会计的基础，成本与费用概念的引入更有助于准确衡量政府的履职成本和项目成本，为构建包含政府成本管理、绩效考评及债务风险预警机制的政府管理会计提供基础数据支持。

（3）政府管理会计体系的设置与发展。政府管理会计需要财务会计的基础信息建立成本会计管理机制，结合财务会计的成本信息，根据提供服务或公共产品的过程中发生的成本进行核算和计量，并按照一定的表格或格式反映政府成本的构成及变化情况，供内部管理进行项目投资决策、编制政府预算、考核绩效及对外报告政府履行公共受托责任等情况进行反映使用。成本核算管理机制的建立直接决定了政府绩效考核体系的有效性及约束性，政府成本信息是绩效报告的重要组成部分。结合政府预算会计的债务信息和政府财务会计的债务信息建立债务风险预警机制，最大限度防控地方政府债务危机的发生，以便合理配置资源，做好中长期预算计划，保障地区经济稳步发展，确保社会保障、生态文明等长期政府投资项目的可持续性和计划性。结合政府财务会计提供的资产及负债信息、管理会计的成本信息及自然资源资产信息，政府管理会计需建立评价政府工作业绩的绩效报告，以便更完整地披露政府履行公共受托责任的信息，在经济治理、生态治理等领域发挥更大的作用。具体基于理论与实践经验构建出符合我国国家治理的政府会计体系，如图 7 –1 所示。

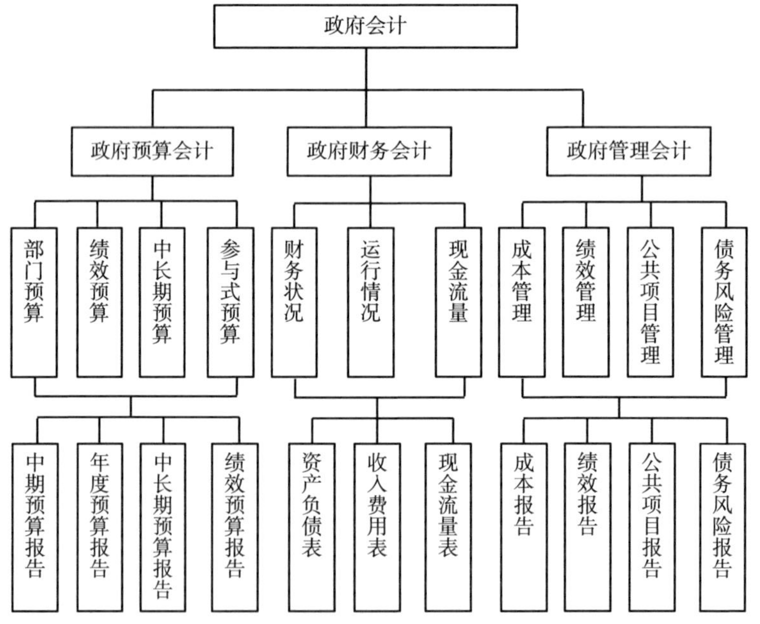

图 7 –1　政府会计体系框架

7.3 研究局限与未来研究方向

由于笔者能力有限，以及研究主题的限制等客观性原因，本书的研究存在一些局限性，并可在未来进行相关后续深入研究，具体如以下几方面。

（1）本书探索了政府会计对国家治理体系构建及治理能力建设的作用，包括政府预算会计、财务会计及管理会计分别对政治治理、经济治理、社会文化治理和生态治理等方面的影响，但这并未涵盖国家治理的全部内容，未来研究可进一步充实国家治理理论，以及政府会计体系建设对其的影响。此外，由于国家治理理论的阶段性发展，各治理子系统的量化研究尚不精确，本书试图对各治理系统进行量化，并以此为基础展开实证研究，但受能力、精力及专业知识限制，该部分的指标化体系化尚有待进一步完善。但不管怎样，政府会计体系构建对国家治理的作用都值得关注。

（2）囿于政府会计相关数据资料的限制，本书虽然尝试了实证分析，对有些问题得出了一致性结论，但还需要作进一步的扩展：一方面，研究样本局限于省级面板数据，对于政府会计发挥治理职能的作用机理及路径分析究竟是否适用于市县级地方政府不得而知。另一方面，诸多由政府会计信息披露引致的后果模型假设均存在一些先决条件，如公民需要有能力解读政府财务信息，对于公众认知和意识层面也有一定要求；又如公众需有分配资源的能力，依据政府财务信息的解读合理分配资源的假设前提，这可能与我国目前的现实状况有所出入，进而影响回归结果。政府会计领域的实证研究相较于企业会计而言处于起步阶段，实证研究方法相对有限，尽管本书对政府会计的治理作用通过多元回归方法进行检验，并引入教育、政府债务、旅游大省等中介变量，但仍未充分运用实证分析方法进行深入挖掘和探索其影响路径及作用机理，研究视野受限。这也是日后值得继续探索的问题。

（3）我国尚未建立起真正意义的政府会计体系，目前可获取的政府会计信息多局限于政府预算会计信息，因此实证检验结果仅能检验政府预算会计在国家治理各系统的治理作用，对于政府财务会计和政府管理会计的治理职能发挥程度及作用机理的理论框架暂时无法得到经验数据的支持。鉴于此，本书的实证研究结果对于政府会计的治理效应的解释力度可能存在偏差。随着我国政府会计体系改革的不断深入和完善，政府会计从体系完整性到信息披露度的不断提升将有助于政府会计相关主题的数据支撑，这也是值得持续关注和更新结论的关键点。

参考文献

[1] 安丰琳. 基于信息需求的政府财务分析体系构建 [D]. 成都: 西南交通大学, 2017.

[2] 巴曙松. 防范与化解地方债风险的途径 [J]. 中国对外贸易, 2011 (9).

[3] 贝洪俊, 白玉华. 基于政府绩效评价谈政府成本会计的推行 [J]. 财会月刊, 2009 (36): 28 -29.

[4] 贝洪俊. 新公共管理与政府会计改革 [M]. 杭州: 浙江大学出版社, 2004.

[5] 财政部. 权责发生制政府综合财务报告制度改革方案 [J]. 交通财会, 2015 (2): 87 -90.

[6] 常丽. 公共财政框架下的政府财务信息供求分析 [J]. 财政研究, 2011 (12): 33 -35.

[7] 常丽. 公共绩效管理框架下的政府财务绩效报告体系构建研究 [J]. 会计研究, 2013 (8).

[8] 常丽. 绩效预算改革与政府成本会计的构建 [J]. 财政研究, 2009 (1): 22 -25.

[9] 常丽, 逄浩丹, 王景升. 公共部门成本会计及报告体系构建研究——基于公共绩效管理的视角 [J]. 财务研究, 2016 (6): 63 -69.

[10] 常丽. 我国政府会计确认基础改进的路径选择及实施环节 [J]. 财政研究, 2009 (10): 66 -68.

[11] 常丽. 新公共治理、政府绩效评价与我国政府财务报告的改进

[J]. 会计研究, 2008 (4): 19-24.

[12] 常丽. 政府财务报告内部控制研究——基于权责发生制改革的视角 [J]. 会计研究, 2016 (3): 15-20.

[13] 常丽. 政府财务报告主体的重整——基于财政透明度的视角 [J]. 财经问题研究, 2008 (6): 85-89.

[14] 陈工孟, 邓德强, 周齐武. 我国预算会计改革可行性的问卷调查研究 [J]. 会计研究, 2005 (5): 59-65.

[15] 陈纪瑜, 张宇蕊. 关于建立公共绩效管理框架下的政府财务报告制 [J]. 当代财经, 2006 (3): 32-35.

[16] 陈劲松. 论我国政府财务会计概念框架体系 [M]. 北京: 经济科学出版社, 2009.

[17] 陈劲松. 我国政府财务报告体系及其建议 [J]. 财会通讯, 2010 (25): 57-58.

[18] 陈菁, 李建发. 财政分权、晋升激励与地方政府债务融资行为——基于城投债视角的省级面板经验证据 [J]. 会计研究, 2015 (1): 61-67.

[19] 陈均平. 中国政府会计问题研究 [D]. 北京: 财政部财政科学研究所, 2010.

[20] 陈立齐, 李建发. 国际政府会计准则及其发展评述 [J]. 会计研究, 2003 (9): 49-52.

[21] 陈立齐. 美国政府会计的原则和重大变化简介 [J]. 会计研究, 2004 (9).

[22] 陈璐璐. 英国政府会计管理与改革情况及对我国的启示 [J]. 会计研究, 2007 (10).

[23] 陈穗红, 金介辉, 石英华. 论我国政府会计权责发生制的应用问题 [J]. 财政研究, 2004 (11): 11-14.

[24] 陈穗红, 石英华. 我国政府会计目标选择 [J]. 财政研究,

2007 (7): 48 – 50.

[25] 陈希晖，陈良华，李鹏. 国家审计提升政治信任的机理和路径 [J]. 审计研究，2014 (1).

[26] 陈小悦，陈璇. 政府会计目标及其相关问题的理论探讨 [J]. 会计研究，2005 (11): 61 – 65.

[27] 陈志斌，陈颖超. 地方政府债务管理视角下的政府会计信息效应研究 [J]. 商业会计，2016 (3): 10 – 13.

[28] 陈志斌. 公共受托责任：政治效应、经济效率与有效的政府会计 [J]. 会计研究，2003 (6): 36 – 39.

[29] 陈志斌. 基于衍生职能界定的政府会计角色定位研究 [J]. 会计研究，2014 (1).

[30] 陈志斌，李敬涛. 政府善治目标的实现与政府会计治理效应 [J]. 会计研究，2015 (5): 13 – 19.

[31] 陈志斌，刘子怡. 政府会计准则执行的驱动研究 [J]. 会计研究，2016 (6): 8 – 14.

[32] 陈志斌. 论中国政府会计概念框架的选择 [J]. 会计研究，2012 (2): 65 – 71.

[33] 陈志斌，潘俊. 基于国家治理的政府会计概念框架演进及其引导效应 [J]. 会计与经济研究，2015，29 (1): 3 – 13.

[34] 陈志斌. 政府会计概念框架结构研究 [J]. 会计研究，2011 (1): 17 – 23.

[35] 陈志斌. 政府会计概念框架整体分析模型 [J]. 会计研究，2009 (2).

[36] 陈志斌. 政府综合财务报告制度改革新亮点 [J]. 财务与会计，2015 (4): 59 – 61.

[37] 陈志斌，周曙光. 政府会计国家治理功能的界定研究 [J]. 会计研究，2017 (11).

[38] 程晓佳. 财政透明度与政府会计改革 [J]. 会计研究, 2004 (9): 22-27.

[39] 程瑜. 契约精神、国家治理与政府预算——从“善政”到“善治”的嬗变 [J]. 经济研究参考, 2014 (49).

[40] 崔晶. 生态治理中的地方政府协作: 自京津冀都市圈观察 [J]. 改革, 2013 (9): 138-144.

[41] 崔学刚, 叶康涛, 荆新, 等. 权责发生制、政府会计改革与国家治理——第六届“政府会计改革理论与实务研讨会”综述 [J]. 会计研究, 2015 (7): 92-95.

[42] 邓九生. 法国政府成本会计研究情况梳理与分析启示 [J]. 会计之友, 2012 (6).

[43] 邓九生. 美国联邦政府成本会计改革及其对我国的借鉴价值 [J]. 财会月刊 (上), 2018.

[44] 邓淑莲, 彭军. 地方政府债务风险控制的国际经验及启示 [J]. 财政研究, 2013 (2): 71-74.

[45] 邓淑莲, 温娇秀. 中国省级财政透明度存在的问题及改进建议 [J]. 中央财经大学学报, 2015 (10): 3.

[46] 丁鑫, 荆新. 我国政府会计目标的定位 [J]. 财务与会计, 2010 (10): 57-59.

[47] 樊真真. 政府财务信息公开的国际经验与中国的改革 [D]. 济南: 山东财经大学, 2016.

[48] 范玉刚. 在全面深化改革中实现国家文化治理 [J]. 湖南社会科学, 2014 (2): 5-10.

[49] 方堃, 姜庆志. 基本公共文化服务均等化趋势下财政投入机制研究 [J]. 武陵学刊, 2012 (1): 22-27.

[50]《非营利组织会计问题研究》课题组, 张为国, 陈立齐, 等. 美国的政府会计规范及其借鉴 [J]. 会计研究, 2001 (4): 36-42.

[51] 付永，曾菊新．地方政治治理结构与区域经济发展 [J]. 经济体制改革，2005 (2)：73 - 77.

[52] 高嘉遥．文化治理视域下的廉政文化建设研究 [D]. 南京：东南大学，2016.

[53] 高小平．国家治理体系与治理能力现代化的实现路径 [J]. 中国行政管理，2014 (1).

[54] 葛家澍，高军．论会计的对象、职能和目标 [J]. 厦门大学学报（哲学社会科学版），2013 (2).

[55] 谷祺，邓德强．德法模式政府会计改革动因的比较与启示 [J]. 会计与经济研究，2006，20 (2)：3 - 8.

[56] 顾程亮，李宗尧，成祥东．财政节能环保投入对区域生态效率影响的实证检验 [J]. 统计与决策，2016 (19).

[57] 韩凤芹，张绘．以国家治理能力现代化推进公共文化服务体系建设 [J]. 中国财政，2015 (6).

[58] 郝东洋，张冉．服务国家治理的政府成本会计：功能特征、概念框架与实现路径 [J]. 中国行政管理，2016 (5).

[59] 郝玲玲．公共财政视角下政府公共文化服务职能创新 [J]. 学术交流，2010 (6)：79 - 82.

[60] 何显明．政府转型与现代国家治理体系的建构——60 年来政府体制演变的内在逻辑 [J]. 浙江社会科学，2013 (6)：4 - 13.

[61] 何玉，唐清亮．利用网络提高政府财务透明度研究 [J]. 华东经济管理，2011，25 (11)：27 - 34.

[62] 何玉，王开田．政府财务信息网络披露：评估模型与影响因素 [J]. 财经理论与实践，2012，33 (1)：38 - 43.

[63] 何玉．中国地方政府财务透明度影响因素研究 [J]. 南方经济，2012，V30 (8)：3 - 16.

[64] 何增科．怎么理解国家治理及其现代化 [J]. 时事报告，2014

(1): 20-21.

[65] 何增科. 政治治理现代化与政治治理改革 [J]. 行政科学论坛, 2014, 1 (2).

[66] 贺敬平. 试论我国政府预算会计与政府财务会计的协调——基于海南政府会计改革试点的分析 [J]. 预算管理与会计, 2011 (3): 46-48.

[67] 衡霞, 代晓旭. 地方财政与地方政府社会治理能力的关系研究——基于四川省 1994~2014 年的数据分析 [J]. 电子科技大学学报 (社会科学版), 2017 (5).

[68] 胡鞍钢. 中国国家治理现代化的特征与方向 [J]. 国家行政学院学报, 2014 (3): 4-10.

[69] 胡德仁, 赵志伟. 建立和完善生态保护财税政策研究——基于 2009~2013 年河北省财政支持生态保护发展视角 [C] // 第十届环境与发展论坛, 2014.

[70] 胡国强, 潘松剑, 吴春璇. 高效廉洁新常态下中国政府管理会计体系构建 [J]. 会计之友, 2017 (2): 20-25.

[71] 胡浩. 政府资产负债管理风险 [D]. 北京: 财政部财政科学研究所, 2012.

[72] 胡惠林. 国家需要文化治理 [J]. 领导科学, 2012 (13): 20-21.

[73] 胡景涛. 基于绩效管理的政府会计体系构建研究 [D]. 长春: 东北财经大学, 2011.

[74] 胡荣, 胡康, 温莹莹. 社会资本、政府绩效与城市居民对政府的信任 [J]. 社会学研究, 2011 (1): 96-117.

[75] 胡荣. 社会资本与城市居民的政治参与 [C] // 福建省社会学会, 2008.

[76] 黄花. 提升基层社会治理中的政府公共服务能力研究 [J]. 西北工业大学学报: 社会科学版, 2015 (1): 1-7.

[77] 黄杰, 朱正威. 国家治理视野下的社会稳定风险评估: 意义、

实践和走向［J］. 中国行政管理，2015（4）.

［78］黄丽娟. 长三角区域生态治理政府间协作研究［J］. 理论观察，2014（1）：74－76.

［79］黄寿峰，郑国梁. 财政透明度对腐败的影响研究——来自中国的证据［J］. 财贸经济，2015，36（3）：30－42.

［80］黄贤环. 政府性债务风险防控视角下的政府会计改革研究［D］. 沈阳：沈阳大学，2015.

［81］黄新华. 从干预型政府到规制型政府——建构面向国家治理现代化的政府与市场关系［J］. 厦门大学学报（哲学社会科学版），2017（3）.

［82］黄志雄. 政府综合财务报告编制问题与对策研究——基于事权划分与支出责任匹配的探讨［J］. 中央财经大学学报，2018.

［83］黄志雄. 政府综合财务报告试编阶段问题研究［J］. 财政研究，2017（2）：40－52.

［84］贾康. 我国地方债务成因与化解对策研究［J］. 债券，2013（9）.

［85］江必新. 国家治理现代化基本问题研究［J］. 中南大学学报（社会科学版），2014（3）.

［86］江必新，李沫. 论社会治理创新［J］. 新疆师范大学学报（哲学社会科学版），2014（2）：25－34.

［87］姜宏青，宫燕燕. 多元化政府成本会计信息系统构建研究［J］. 湖南财政经济学院学报，2016，32（3）：21－28.

［88］姜宏青，李科辰. 我国政府财务报告分析体系构建研究［J］. 会计与经济研究，2017（3）：20－33.

［89］姜宏青，宋晓晴. 双轨制政府会计改革引发政府财务管理理论重构［J］. 中国海洋大学学报（社会科学版），2017（3）：29－36.

［90］姜宏青，徐晶. 政府成本标准的构建：一项理论分析［J］. 商业会计，2018，No. 636（12）：20－26.

［91］姜珅. 基于地方政府债务风险管理的政府会计改革与创新研究

[D]. 青岛：青岛科技大学，2017.

[92] 姜晓萍．国家治理现代化进程中的社会治理体制创新 [J]. 中国行政管理，2014 (2).

[93] 金元浦，王林生．北京：文化治理与协同创新——2013-2014年人文北京研究综述 [J]. 北京联合大学学报（人文社会科学版），2014，12 (4).

[94] 荆新，高扬．政府会计基础模式：比较与选择 [J]. 财务与会计（综合版），2003 (9).

[95] 荆新，何淼．香港政府综合财务报告体系建设的借鉴与启示 [J]. 财务与会计，2015 (15)：66-68.

[96] 荆新．政府会计体系的演进、解构与整合 [J]. 会计之友，2018.

[97] 景小勇．国家文化治理体系的构成、特征及研究视角 [J]. 中国行政管理，2015 (12).

[98] 景小勇．国家文化治理体系及政府在其中的地位与作用 [J]. 人民论坛：中旬刊，2014 (5)：28-31.

[99] 孔凡义．信任、政治信任与政治治理：全球视野下的比较分析 [J]. 中国行政管理，2009 (10).

[100] 孔庆林，李孝林，弋建明．试论会计职能理论史 [J]. 北京工商大学学报（社会科学版），2007，22 (2)：35-44.

[101] 李丹，裴育．财政透明度对财政资金配置效率的影响研究 [J]. 财经研究，2016 (2)：40-49.

[102] 李国新．强化公共文化服务政府责任的思考 [J]. 图书馆杂志，2016，35 (4)：4-8.

[103] 李昊，迟国泰，路军伟．我国地方政府债务风险及其预警：问题及对策 [J]. 经济经纬，2010 (2)：126-129.

[104] 李建发．从中美政府会计的差异看我国预算会计改革 [J]. 会计研究，1997 (2).

[105] 李建发，张国清．国家治理情境下政府财务报告制度改革问题研究［J］．会计研究，2015（6）．

[106] 李建发，张曾莲．基于财务视角的政府绩效报告的构建［J］．会计研究，2009（6）．

[107] 李建发，赵军营．权责发生制政府综合财务报告制度下政府合并财务报表编制问题研究［J］．财政研究，2016（12）：4－15，51．

[108] 李建发．政府财务报告研究［M］．厦门：厦门大学出版社，2006．

[109] 李敬涛，陈志斌．财政透明、晋升激励与公共服务满意度——基于中国市级面板数据的经验证据［J］．现代财经（天津财经大学学报），2015（7）：91－104．

[110] 李敬涛，陈志斌．公共品短缺、政府问责与政府负债信息披露［J］．中南财经政法大学学报，2015（2）：64－71．

[111] 李敬涛，陈志斌．国家治理现代化视阈下的政府会计治理效应［J］．西安交通大学学报：社会科学版，2016（2）：40－46．

[112] 李敬涛．地方政府行为视角下的政府会计信息效应研究［D］．南京：东南大学，2015．

[113] 李军鹏．和谐社会建设与社会治理模式创新［J］．国家行政学院学报，2005（4）：24－26．

[114] 李世敏，吴理财．社区治理的文化转向：一种新的理论视角［J］．理论与改革，2015（1）：119－122．

[115] 李顺毅．财政透明度对城镇居民幸福感的影响——基于中国劳动力动态调查的实证分析［J］．云南财经大学学报，2017（4）．

[116] 李炜光．财政何以为国家治理的基础和支柱？［J］．法学评论，2014，32（2）：54－60．

[117] 李燕，陈金皇．区域竞争对财政透明度的影响——基于空间计量模型实证研究［J］．地方财政研究，2018．

[118] 李燕，王威．民主文化下的财政监督：从参与到治理［J］．教学与研究，2013，47（4）：14－20．

[119] 李燕，王晓．国家治理视角下我国地方财政透明对财政支出效率的影响研究［J］．中央财经大学学报，2016（11）：3－8．

[120] 李影，牛毅．财政透明度对腐败影响效应分析［J］．地方财政研究，2014（11）．

[121] 李永海，孙群力．提高财政透明度抑制隐性经济规模了吗？——基于省级面板数据的实证分析［J］．经济问题探索，2016（3）：8－16．

[122] 李元，杨薇钰．政府负债会计的会计政策选择原则论析——以美国联邦政府为例［J］．财经理论与实践，2007，28（6）：59－65．

[123] 李宗彦，郝书辰．权责发生制政府财务报告审计制度探讨——英、澳两国实践经验及启示［J］．审计研究，2018．

[124] 梁城城．财政透明度促进财政资金使用效率的拐点在哪里？——民生领域财政投资效率的经验验证［J］．现代财经（天津财经大学学报），2017（6）：30－42．

[125] 梁城城，王永莉．财政透明度、财政支出分权与财政支出结构——基于省级面板数据的实证研究［J］．财会月刊，2015（23）：70－74．

[126] 梁城城．我国财政透明度影响因素的实证研究［D］．成都：西南民族大学，2016．

[127] 廖义刚，陈汉文．国家治理与国家审计：基于国家建构理论的分析［J］．审计研究，2012（2）：9－13．

[128] 林坚．文化治理是国家治理体系的重要组成部分［J］．中国领导科学，2015（7）：18－20．

[129] 林永生，孙颖．中国省域节能环保支出与绿色经济发展？［J］．宏观质量研究，2016（4）．

[130] 刘炳江．关于政府会计权责发生制改革的若干思考［J］．财

会月刊，2009（5）：10－11.

［131］刘承礼．经济治理体系和治理能力现代化：政府与市场的双重视角［J］．经济学家，2015，5（5）：28－34.

［132］刘峰，葛家澍．会计职能·财务报告性质·财务报告体系重构［J］．会计研究，2012（3）：15－19.

［133］刘光忠．关于推进我国政府会计改革的若干建议［J］．会计研究，2010（12）.

［134］刘慧芳．财政风险管理视角下的政府会计改革研究［D］．大连：东北财经大学，2013.

［135］刘家义．论国家治理与国家审计［J］．中国社会科学，2012（6）：60－72.

［136］刘杰，赵鸿．基于财政透明度的政府财务报告目标与政府会计职能研究［J］．东方企业文化，2013（3）.

［137］刘明辉，刘雅芳．会计越发展 政治越文明——论会计审计的政治环境及其在政治文明建设中的作用［J］．会计研究，2014（7）：3－11.

［138］刘尚希．财政改革、财政治理与国家治理［J］．理论视野，2014（1）.

［139］刘小兵，徐曙娜．编制权责发生制政府综合财务报告［J］．中国财政，2015（1）：60－63.

［140］刘笑霞．财政透明度的国际努力及其对我国的启示［J］．现代经济探讨，2009（7）.

［141］刘笑霞．国外政府财务报告的发展及其启示［J］．经济问题探索，2008（10）：155－160.

［142］刘笑霞，李建发．中国财政透明度问题研究［J］．厦门大学学报（哲学社会科学版），2008（6）.

［143］刘雪华，王梦．首届“中国治理创新论坛”暨政治治理现代化学术研讨会会议综述［J］．经济社会体制比较，2017（1）：193－197.

[144] 刘永泽，况玉书. 基于成本会计视角的公用事业产品定价研究 [J]. 会计之友，2015 (4)：81－83.

[145] 刘永泽，况玉书，吉津海. 政府内部控制制约机制研究——基于"三分一轮一流程"的视角 [J]. 财政监督，2015 (21)：8－12.

[146] 刘永泽，况玉书. 论行政事业单位管理会计体系构建 [J]. 会计与经济研究，2014 (2)：28－34.

[147] 刘永泽，况玉书. 论政府会计中两种核算基础的融合 [J]. 财务与会计，2015 (17)：56－59.

[148] 刘永泽，张亮. 我国政府部门内部控制框架体系的构建研究 [J]. 会计研究，2012，291 (1)：10－19.

[149] 刘用铨. 公共财政管理与政府会计的改进 [J]. 财会月刊，2007 (5)：64－65.

[150] 刘用铨. 构建我国政府成本会计 [J]. 中国农业会计，2008 (3)：8－10.

[151] 刘玉廷. 我国政府会计改革的若干问题 [J]. 会计研究，2004 (9).

[152] 刘玉廷，武威，任少波. 政府成本会计改革影响因素及概念框架研究 [J]. 财经问题研究，2018 (4)：77－83.

[153] 刘子怡，陈志斌. 政府财务信息披露、绩效评价与地方政府投资行为 [J]. 人文杂志，2014 (11).

[154] 刘子怡，陈志斌. 政治治理效率、财政透明度与政府会计治理工具：信息需求的视角 [J]. 北京工商大学学报（社会科学版），2015，30 (6)：54－59.

[155] 刘子怡. 政府效率与地方政府融资平台举债——基于31个省级政府财务披露信息的实证分析 [J]. 现代财经（天津财经大学学报），2015 (2).

[156] 芦冬雪. 转轨经济背景下政府财务信息需求与政府会计改革

[D]. 大连：东北财经大学，2012.

[157] 陆凯. 中国政治治理机制演变及其对经济增长的影响分析 [D]. 南京：南京大学，2012.

[158] 陆铭，李爽. 社会资本、非正式制度与经济发展 [J]. 管理世界，2008 (9)：161－165.

[159] 陆阳春. 中国政府会计体系构建研究 [D]. 北京：财政部财政科学研究所，2013.

[160] 路军伟. 公共财政视角下政府会计的目标与改革 [J]. 当代经济管理，2010，32 (1)：93－96.

[161] 路军伟. 基于公共受托责任的双轨制政府会计体系研究 [D]. 厦门：厦门大学，2007.

[162] 路军伟，李建发. 政府财务报告模式的反思与重构——基于"价值法"与"事项法"比较的视角 [J]. 厦门大学学报（哲学社会科学版），2010 (6)：28－34.

[163] 路军伟. 双轨制政府会计模式研究 [M]. 厦门：厦门大学出版社，2010.

[164] 路军伟. 我国政府会计改革取向定位与改革路径设计——基于多重理论视角 [J]. 会计研究，2010 (8).

[165] 路军伟. 我国政府会计目标定位研究——基于会计职能和会计环境的双重视角 [J]. 河北地质大学学报，2006，29 (6)：728－731.

[166] 路军伟. 新公共管理运动催生"政府管理会计" [C] // 会计与财务问题国际研讨会，2005.

[167] 路军伟，殷红. 政府会计改革的动力机制与分析模型——基于制度变迁的理论视角 [J]. 会计研究，2012 (2)：57－64.

[168] 路军伟，于国旺. 政府会计的"双轨制"现象及成因研究——基于契约理论视角 [J]. 会计研究，2015 (12)：31－37.

[169] 路军伟. 政府财务报告使用者及其需求的国际比较与分

析——兼论我国政府财务报告使用者构成［J］. 会计与经济研究，2015，29（1）：14－23.

［170］路军伟. 政府会计改革：战略次序、框架设计与冲突协调［J］. 中央财经大学学报，2011（7）：84－89.

［171］路军伟. 制度环境、信息需求与政府财务报告［J］. 北京工商大学学报（社会科学版），2014，29（5）：15－22.

［172］吕冰洋. 大国财政与社会治理［J］. 财政监督，2015（15）：8－9.

［173］罗莹. 国库集中收付制度下我国预算会计改革研究［D］. 沈阳：沈阳大学，2012.

［174］罗莹，朱久霞. 政府会计制度改革应与政府职能转变同步进行［J］. 中国集体经济，2012（4）：64－65.

［175］骆平原. 中国政府财务报告制度研究［D］. 北京：中央财经大学，2017.

［176］马蔡琛，尚妍. 基于债务风险的政府或有负债会计信息披露：国际经验与中国现实［J］. 南京审计大学学报，2016，13（5）：104－112.

［177］马蔡琛. 政府会计确认基础与权责发生制预算改革的思考［J］. 财会通讯：学术版，2006（7）：3－6.

［178］马得勇. 政治信任及其起源——对亚洲8个国家和地区的比较研究［J］. 经济社会体制比较，2007（5）.

［179］马宏，王太华. 对完善我国预算会计确认基础的思考［J］. 财会月刊，2007（14）：174－174.

［180］马亮. 信息公开、行政问责与政府廉洁：来自中国城市的实证研究［J］. 经济社会体制比较，2014（4）：141－154.

［181］马如雪. 美国州和地方政府会计与财务报告准则汇编［M］. 北京：人民出版社，2004.

［182］马骁，周克清. 国家治理、政府角色与现代财政制度建设

[J]. 财政研究, 2016 (1): 2-8.

[183] 孟泓旭. 政府向社会组织购买公共文化服务研究 [D]. 南京: 南京理工大学, 2016.

[184] 孟天广, 杨明. 转型期中国县级政府的客观治理绩效与政治信任——从“经济增长合法性”到“公共产品合法性” [J]. 经济社会体制比较, 2012 (4): 122-135.

[185] 莫纪宏. 国家治理体系和治理能力现代化与法治化 [J]. 法学杂志, 2014, 35 (4): 21-28.

[186] 牛富荣. 基于社会分工视角的中国财政功能研究 [D]. 太原: 山西财经大学, 2016.

[187] 欧阳宗书, 狄愷, 张娟, 等. 美国、加拿大政府会计改革的有关情况及启示 [J]. 会计研究, 2013 (11): 3-7.

[188] 潘俊, 陈志斌, 刘子怡. 制度环境、地方政府行为与政府会计准则制定 [J]. 会计与经济研究, 2013 (6): 17-23.

[189] 潘俊, 陈志斌. 政府财务信息披露理论框架构筑 [J]. 会计与经济研究, 2011, 25 (5): 23-31.

[190] 潘俊, 方致远, 唐凯丽. 地方政府行为视角下的政府综合财务报告质量提升探析 [J]. 财务与会计, 2016 (23): 59-60.

[191] 潘俊, 李靠队, 许良虎, 等. 环境驱动、冲突协调与政府财务信息披露 [J]. 会计研究, 2014 (6).

[192] 潘俊, 王亮亮, 吴宁, 等. 财政透明度与城投债信用评级 [J]. 会计研究, 2016 (12).

[193] 潘俊, 杨兴龙, 王亚星. 财政分权、财政透明度与地方政府债务融资 [J]. 山西财经大学学报, 2016, 38 (12): 52-63.

[194] 潘松剑, 胡国强. 中国特色政府管理会计构建探讨 [J]. 财会月刊, 2016 (4): 6-9.

[195] 潘修中. 财政分权、财政透明度与地方财政科技投入 [J].

科学管理研究，2017（1）：97－100，113.

［196］潘琰，蔡高锐．完善与发展我国政府财务报告体系的思考——基于政府财务报告与GFS、SNA比较的新视角［J］．财政研究，2016（6）：66－77.

［197］潘琰，吴修瑶．权责发生制政府综合财务报告探讨：欧盟的经验与启示［J］．财政研究，2015（3）：65－70.

［198］潘韵．美国SFFAS NO.4对我国构建政府成本会计体系的借鉴与启示［D］．湘潭：湘潭大学，2018.

［199］彭冲．低碳经济发展的政治治理机制研究［D］．大连：东北财经大学，2011.

［200］彭澎．推进农村基层社会治理现代化的政府责任机制研究［J］．湖南财政经济学院学报，2015，31（3）.

［201］戚艳霞，王戍．澳大利亚权责发生制政府预算与会计改革的分析与借鉴［J］．会计与经济研究，2015（6）：28－42.

［202］戚艳霞，王鑫．增强财政透明度的政府会计视角分析［J］．山东财经大学学报，2005（5）：28－31.

［203］戚艳霞．我国权责发生制政府综合财务报告试编工作分析与完善建议［J］．财务与会计，2015（9）：62－63.

［204］戚艳霞．我国政府综合财务报告制度的特点分析和完善建议［J］．财会月刊，2015（13）：16－18.

［205］戚艳霞，张娟，赵建勇．我国政府会计准则体系的构建——基于我国政府环境和国际经验借鉴的研究［J］．会计研究，2010（8）.

［206］戚艳霞．政府会计确认基础对财政透明度影响的跨国实证分析［J］．财经论丛（浙江财经大学学报），2016，203（1）：29－37.

［207］祁述裕．国家文化治理建设的三大核心任务［J］．探索与争鸣，2014（5）.

［208］祁述裕．推动文化管理向文化治理与善治的转变［J］．人民

论坛，2014（11）：172－173.

［209］屈程程．新型城镇化进程中基层社会治理的问题及对策研究［D］．长春：长春工业大学，2016.

［210］任刚．我国政府财务信息披露改进研究［D］．北京：财政部财政科学研究所，2014.

［211］阮卓婧．政府会计改革、政府审计完善与政治治理绩效［D］．杭州：浙江大学，2015.

［212］上官泽明．最高审计机关特征、财政审计报告质量与预算透明度［D］．山西财经大学，2018.

［213］上海财经大学公共政策研究中心．2014 中国财政透明度报告［M］．上海：上海财经大学出版社，2014.

［214］上海财经大学公共政策研究中心．2015 中国财政透明度报告［M］．上海：上海财经大学出版社，2015.

［215］上海财经大学公共政策研究中心．2016 中国财政透明度报告［M］．上海：上海财经大学出版社，2016.

［216］上海财经大学公共政策研究中心．2017 中国财政透明度报告［M］．上海：上海财经大学出版社，2017.

［217］上海财经大学公共政策研究中心．2018 中国财政透明度报告［M］．上海：上海财经大学出版社，2018.

［218］申亮．财政透明度进程中的公众态度与行为研究［J］．经济评论，2015（4）：70－81.

［219］申亮．财政透明度评价指标体系的构建及测度［J］．经济与管理评论，2012（2）：127－134.

［220］申亮，王玉燕．基于博弈视角的我国财政透明度提升路径与策略研究［J］．管理评论，2017（9）.

［221］申亮．我国基层政治治理与财政透明度问题研究［J］．经济研究参考，2018（27）：17－25.

[222] 沈少祥. 创新社会治理体制背景下城市社区社会组织发展及功能研究 [D]. 武汉: 华中师范大学, 2016.

[223] 石英华. 发达国家政府财务信息披露对中国的借鉴与启示 [J]. 财贸经济, 2006 (11): 57-59.

[224] 宋长飞. 基于权责发生制的省级政府综合财务报告编制方案设计 [D]. 沈阳: 沈阳师范大学, 2014.

[225] 宋伟官. 我国政府会计制度变迁问题研究 [J]. 财经问题研究, 2014 (4): 83-88.

[226] 宋衍蘅, 陈晓. 西方国家政府会计的比较及其借鉴 [J]. 会计研究, 2002 (9).

[227] 孙丽华. 我国地方政府性债务管理的风险管控 [J]. 财政监督, 2015 (7): 60-62.

[228] 孙琳, 陈舒敏. 债务风险、财政透明度和记账基础选择——基于国际经验的数据分析 [J]. 管理世界, 2015 (10): 132-143.

[229] 孙琳, 方爱丽. 财政透明度、政府会计制度和政府绩效改善——基于48个国家的数据分析 [J]. 财贸经济, 2013 (6).

[230] 孙琳. 政府会计改革和政府善治: 理论、机制和国际经验 [J]. 财经智库, 2017 (3): 120-138, 145-146.

[231] 孙晓莉. 西方国家政府社会治理的理念及其启示 [J]. 社会科学研究, 2005 (2): 7-11.

[232] 孙昕, 徐志刚, 陶然, 等. 政治信任、社会资本和村民选举参与——基于全国代表性样本调查的实证分析 [J]. 社会学研究, 2007 (4): 165-187.

[233] 唐大鹏, 常语萱. 政府内部控制、政府财务信息与政府公信力 [J]. 财政研究, 2018.

[234] 唐大鹏, 李鑫瑶, 刘永泽, 等. 国家审计推动完善行政事业单位内部控制的路径 [J]. 审计研究, 2015 (2): 56-61.

［235］唐皇凤．大数据时代的中国国家治理能力建设［J］．探索与争鸣，2014（10）：54－58．

［236］唐天伟，曹清华，郑争文．地方政治治理现代化的内涵、特征及其测度指标体系［J］．中国行政管理，2014（10）．

［237］唐秀玲，韩勇，洪明星．文化治理视角下的社区治理现代化研究——基于Y省X社区的实证分析［J］．行政与法，2015（12）：39－44．

［238］田发，胡玉环．社会治理视域下现代财政制度构建研究［J］．当代经济管理，2016，38（9）：37－41．

［239］田发，周琛影．社会治理水平：指数测算、收敛性及影响因素［J］．财政研究，2016（8）：54－65．

［240］田发，周琛影．现代社会治理：一个财政体制的分析框架［J］．当代财经，2017（3）：38－49．

［241］田发，周武星．经济治理能力指标体系的构建及测算——基于公共财政的视角［J］．西安财经学院学报，2016，29（3）．

［242］田萍．创新社会治理体制背景下政府购买公共服务的困境及对策［J］．改革与开放，2016（13）：57－59．

［243］田五星，李建发，张国清．国家善治导向的政府综合财务报告改革——印尼的经验与借鉴［J］．厦门大学学报：哲学社会科学版，2017：66．

［244］王聪．财政节能环保支出问题研究［D］．大连：东北财经大学，2016．

［245］王德新．我国政府职能转变与政府财务报告改革研究［D］．重庆：西南大学，2006．

［246］王芳，曹军．主权信用评级、政府债务风险和政府会计改革［J］．财务与会计（综合版），2009（11）．

［247］王芳，黄军，黎伟盛．政府生态治理能力现代化的结构体系及多维转型［J］．广西社会科学，2017．

［248］王虹．基于“圈层分类”的政府综合财务报告框架与报表合并路径研究［J］．四川大学学报：哲学社会科学版，2018.

［249］王汇华，刘永泽．政府会计与政治治理——基于中国省级面板数据的经验研究［J］．贵州财经大学学报，2019（2）.

［250］王建英．我国政府会计准则模式及体系研究［J］．财务与会计，2005（12）：50－52.

［251］王丽洁，张玉周．中国政府财务会计体系建设及其与预算会计的协调［J］．北京大学学报（哲学社会科学版），2007，44（5）：115－120.

［252］王满仓，赵守国．财政透明化背景下的政治治理变革［J］．经济学家，2005（4）.

［253］王浦劬．国家治理、政治治理和社会治理的基本含义及其相互关系辨析［J］．社会学评论，2014，2（3）：12－20.

［254］王前．理解“文化治理”：理论渊源与概念流变［J］．云南行政学院学报，2015（6）：20－25.

［255］王庆东，常丽．新公共管理与政府财务信息披露思考［J］．会计研究，2004（4）：73－76.

［256］王思斌．社会工作在构建共建共享社会治理格局中的作用［J］．国家行政学院学报，2016（1）：43－47.

［257］王天维．构建与社会治理需求相适应的公共支出机制研究［J］．贵阳市委党校学报，2015（5）：24－28.

［258］王谓秋，任贵州．公共文化服务体系共建共享的社会动因与路径选择——基于文化治理的视角［J］．图书馆理论与实践，2016（9）.

［259］王蔚．文化治理不是治理文化——与竹立家教授商榷［J］．探索与争鸣，2014（8）：42－45.

［260］王文婷．财税法视野下我国大气污染治理的政府间分配机制研究［J］．阅江学刊，2016（6）：38－46，139－140.

［261］王祥君，周荣青．政府财务报表审计与政府会计改革：协同

与路径设计［J］．审计研究，2014（6）：57－62．

［262］王鑫，戚艳霞．我国政府债务会计信息披露与改进建议——基于政府会计改革视角［J］．财政研究，2015（5）：107－111．

［263］王鑫，戚艳霞．政府债务会计核算基础的反思与探索［J］．财政研究，2012（10）：78－80．

［264］王鑫．我国现行政府财务报告的弊端及完善建议［J］．财会通讯：学术版，2006（1）：83－84．

［265］王彦，陶占录，赵西卜，等．权责发生制政府综合财务报告编制试行与探索［J］．预算管理与会计，2012（11）：31－35．

［266］王奕萱．非政府组织参与社会治理的财税支持研究［D］．长沙：湖南农业大学，2015．

［267］王雍君．政府会计体系三分法与预算会计的优先完善［J］．会计之友，2017（4）：2－5．

［268］王雍君．支出周期：构造政府预算会计框架的逻辑起点——兼论我国政府会计改革的核心命题与战略次序［J］．会计研究，2007（5）：3－9．

［269］王永莉，梁城城．基于省级面板数据的政府财政透明度影响因素实证研究［J］．商业研究，2015，61（12）：58－64．

［270］王永莉，梁城城，王吉祥．财政透明度、财政分权与公共服务满意度——中国微观数据与宏观数据的交叉验证［J］．现代财经：天津财经学院学报，2016（1）：43－55．

［271］王振亚．从文化管理到文化治理——文化领域政治治理现代化的逻辑归宿［J］．长安大学学报（社会科学版），2014，16（4）：55－58．

［272］王振．政府购买公共文化服务的绩效评价研究［D］．杭州：浙江大学，2014．

［273］魏治勋．“善治”视野中的国家治理能力及其现代化［J］．法学论坛，2014，29（2）．

[274] 温娇秀．中国省级财政透明度：变化趋势与提升路径——基于2009-2013年省级政府财政透明度的调查和评估［J］．上海财经大学学报，2015（5）：15-21.

[275] 温来成．我国地方政府债务风险与财政重整制度研究［J］．财政科学，2017（4）：46-53.

[276] 文雁兵．包容型政府行为逻辑、治理模式与经济绩效研究［D］．杭州：浙江大学，2014.

[277] 吴汉东．国家治理现代化的三个维度：共治、善治与法治［J］．法制与社会发展，2014（5）：14-16.

[278] 吴浩然，吴祁宗．地方财政公共文化服务支出的效率评价——基于三阶段DEA窗口模型［J］．数学的实践与认识，2017（3）.

[279] 吴进进，于文轩．中国城市财政透明度与政府信任——基于多层线性模型的宏微观互动分析［J］．公共行政评论，2017（6）：127-148.

[280] 吴理财，贾晓芬，刘磊．以文化治理理念引导社会力量参与公共文化服务［J］．江西师范大学学报（哲学社会科学版），2015（6）：85-91.

[281] 吴艳芳．PPP不同运作方式下政府财务信息披露［J］．财会月刊，2018，No.833（13）：83-88.

[282] 武威．政府部门行政成本控制体系研究［D］．大连：东北财经大学，2016.

[283] 向勇，喻文益．公共文化服务绩效评估的模型研究与政策建议［J］．现代经济探讨，2008（1）.

[284] 肖鹏．财政透明度提升的政府会计视角分析——基于Lüder政府会计环境评估模型［J］．地方财政研究，2011（1）：47-52.

[285] 肖鹏．基于防范财政风险视角的中国政府会计改革探讨［J］．会计研究，2010（6）.

[286] 肖鹏，李燕．基于Lüder政府会计环境评估模型的中国财政透

明度研究［J］. 公共行政评论，2011，04（2）：133－150.

［287］肖鹏，刘炳辰. 财政分权促进了城投债规模扩张吗？——来自中国的省级面板证据［J］. 江淮论坛，2017（1）.

［288］肖鹏，刘炳辰，王刚. 财政透明度的提升缩小了政府性债务规模吗？——来自中国29个省份的证据［J］. 中央财经大学学报，2015（8）：18.

［289］肖鹏，冉梦雅. 基于会计信息需求角度的政府综合财务报告框架构建［J］. 地方财政研究，2015（9）：9－14.

［290］肖鹏，阎川. 中国财政透明度提升的驱动因素与路径选择研究——基于28个省份面版数据的实证分析［J］. 经济社会体制比较，2013（4）：199－206.

［291］肖文涛. 社会治理创新：面临挑战与政策选择［J］. 中国行政管理，2007（10）：105－109.

［292］谢莉莉. 政府成本会计的国际经验及其对我国的启示［J］. 财务与会计，2013（3）.

［293］谢新松. 多元化社会的文化治理模式研究［J］. 云南社会科学，2013（3）：138－141.

［294］谢新松. 文化的社会治理功能研究［D］. 昆明：云南大学，2013.

［295］谢祯. 新公共管理模式下的政府财务信息披露研究［D］. 长沙：湖南大学，2007.

［296］谢志华，何玉润，张宏亮. 政府“良治”目标与政府会计的治理功能［J］. 财政研究，2010（4）：41－45.

［297］辛兵海，张志超. 资源依赖降低了财政透明度吗——基于我国288个城市样本的分析［J］. 财贸经济，2014，35（8）：24－37.

［298］辛向阳. 推进国家治理体系和治理能力现代化的三个基本问题［J］. 理论探讨，2014（2）：27－31.

[299] 邢俊英. 改革政府会计制度 防范财政负债风险 [J]. 会计研究, 2004 (4): 69-72.

[300] 邢俊英. 论政府会计在政府负债风险控制中的重要作用 [J]. 中央财经大学学报, 2007 (2): 80-84.

[301] 邢俊英. 政府负债风险控制: 影响政府会计改革的重要因素 [J]. 会计研究, 2006 (9): 64-68.

[302] 邢维全. 国家审计治理、晋升激励与经济增长绩效——基于2002—2013年我国省级面板数据的实证研究 [J]. 江汉学术, 2017 (3): 6-14.

[303] 熊美娟. 社会资本与政治信任——以澳门为例 [J]. 武汉大学学报 (哲学社会科学版), 2011 (4): 77-87.

[304] 熊美娟. 政治信任研究的理论综述 [J]. 公共行政评论, 2010 (6): 159-186, 209.

[305] 熊伟. 地方债与国家治理: 基于法治财政的分析径路 [J]. 法学评论, 2014 (2): 61-68.

[306] 徐猛. 社会治理现代化的科学内涵、价值取向及实现路径 [J]. 学术探索, 2014 (5).

[307] 许耀桐, 刘祺. 当代中国国家治理体系分析 [J]. 中国民政, 2014 (1): 50-50.

[308] 薛澜, 李宇环. 走向国家治理现代化的政府职能转变: 系统思维与改革取向 [J]. 政治学研究, 2014 (5): 61-70.

[309] 薛澜, 张帆, 武沐瑶. 国家治理体系与治理能力研究: 回顾与前瞻 [J]. 公共管理学报, 2015 (3): 1-12.

[310] 闫平. 服务型政府的公共性特征与公共文化服务体系建设 [J]. 理论导刊, 2008 (12): 90-93.

[311] 颜玉凡, 叶南客. 文化治理视域下的公共文化服务——基于政府的行动逻辑 [J]. 开放时代, 2016 (2).

[312] 颜玉凡，叶南客. 政府视野下公共文化治理的三重使命 [J]. 浙江社会科学，2016 (3): 89-95.

[313] 杨剑勇，章贵桥. 政府会计改革与国家治理研究综述 [J]. 财经论丛（浙江财经学院学报），2016 (12).

[314] 杨林，秦玥. 国家善治导向下公共文化服务有效供给的财政对策研究 [J]. 经济与管理评论，2017 (2).

[315] 杨林，许敬轩. 公共治理视域下地方财政公共文化服务支出规模绩效评价 [J]. 东岳论丛，2016 (3): 68-76.

[316] 杨璐. 地方政府投融资平台财务风险管理研究 [D]. 昆明：云南财经大学，2017.

[317] 杨敏. "国家—社会"的中国理念与"中国经验"的成长——社会资源的优化配置及公共服务与社会治理的创新 [J]. 河北学刊，2011 (2): 124-130.

[318] 杨兴龙，杨晶. "大会计"与地方政府性债务治理：作用机理与分析框架 [J]. 会计与经济研究，2014 (6): 27-35.

[319] 杨亚军. 我国政府会计理论框架研究 [D]. 北京：财政部财政科学研究所，2011.

[320] 杨亚军，杨兴龙，孙芳城. 基于风险管理的地方政府债务会计系统构建 [J]. 审计研究，2013 (3): 94-101.

[321] 姚林香，欧阳建勇. 我国农村公共文化服务财政政策绩效的实证分析——基于DEA-Tobit理论模型 [J]. 财政研究，2018 (4): 86-97.

[322] 姚文韵，崔学刚. 会计治理功能研究：分析与展望 [J]. 会计研究，2011 (2).

[323] 叶龙. 新公共管理体制下政府会计理论体系研究 [D]. 大连：东北财经大学，2005.

[324] 应唯，张娟，杨海峰. 政府会计准则体系建设中的相关问题及研究视角 [J]. 会计研究，2016 (6): 3-7.

[325] 应益华．改革政府会计，化解地方政府债务危机——基于财政可持续发展目标 [J]．财会月刊，2012 (4)：28－30.

[326] 应益华．基于新公共管理理论的政府会计改革 [J]．财会通讯（学术版），2008 (3)：22－24.

[327] 于国旺．基于会计社会性视角的权责发生制政府会计改革探讨 [J]．商业会计，2011 (33).

[328] 于国旺．政府会计改革"绩效悖论"问题成因研究 [D]．厦门：厦门大学，2008.

[329] 于文轩．政府透明度与政治信任：基于2011中国城市服务型政府调查的分析 [J]．中国行政管理，2013 (2)：110－115.

[330] 余冬林，谭海艳．2005－2013年我国公共文化服务财政投入与产出的绩效评价——基于主成分分析 [J]．老区建设，2016 (6)：22－24.

[331] 余应敏．推行应计制（权责发生制）政府会计是防范财政风险的重要举措：由欧债危机谈起 [J]．财政研究，2014 (2)：35－40.

[332] 俞乔．中国市级政府财政透明度研究报告2012—2013 [M]．北京：清华大学出版社，2014.

[333] 袁华萍．财政分权下的地方政府环境污染治理研究 [D]．北京：首都经贸大学，2016.

[334] 岳军，赵晓彧．财政透明度对基本公共服务支出效率的影响 [J]．经济研究参考，2018 (27)：5－17.

[335] 曾正滋，庄穆．从经济增长型政府到生态型政府——以公共治理为路径的探讨 [J]．甘肃行政学院学报，2008 (2).

[336] 翟悦．欧美权责发生制政府会计改革模式及经验借鉴 [J]．地方财政研究，2016 (3).

[337] 张国生．美国政府会计改革及启示 [J]．公共管理学报，2005，2 (3)：77－82.

[338] 张鸿雁．核心价值文化认同的建构与文化治理——深化改革

文化治理创新的模式与路径［J］. 南京社会科学，2015（1）.

［339］张鸿雁．“文化治理模式”的理论与实践创新——建构全面深化改革的“文化自觉”与“文化自为”［J］. 社会科学，2015（3）：3－10.

［340］张劲松．生态治理：政府主导与市场补充［J］. 福州大学学报（哲学社会科学版），2013，27（5）.

［341］张娟．政府会计与企业会计：概念框架差异与启示——基于IPSASB与IASB最新研究成果的分析［J］. 会计研究，2010（3）：78－85.

［342］张俊民，胡国强，张硕．国家审计服务国家治理实践研究：基于18份审计工作报告的分析［J］. 审计研究，2013（5）.

［343］张康之，程倩．作为一种新型社会治理模式的服务行政——现实诉求、理论定位及研究取向［J］. 学习论坛，2006，22（5）.

［344］张康之．合作治理是社会治理变革的归宿［J］. 社会科学研究，2012（3）：35－42.

［345］张康之．论新型社会治理模式中的社会自治［J］. 南京社会科学，2003（9）.

［346］张雷宝，郑彬博．财政信息公开引致地方政府支出绩效的实证研究［J］. 财经论丛（浙江财经学院学报），2016（12）.

［347］张蕾，程鹏．论政府在生态环境建设中的作用［J］. 林业经济，2002（7）：40－42.

［348］张立民，许钊．审计人员视角下的国家审计推动完善国家治理路径研究［J］. 审计研究，2014（1）.

［349］张敏．以绩效为导向的政府会计体系构建［J］. 财会月刊，2006（11）：16－17.

［350］张明新，刘伟．互联网的政治性使用与我国公众的政治信任——一项经验性研究［J］. 公共管理学报，2014（1）：90－103.

［351］张楠．我国政府会计体系的构建研究——以财政透明度为导向［D］. 开封：河南大学，2008.

[352] 张琦，程晓佳．政府会计改革环境动因的实证研究——以OECD国家为例[J]．财政研究，2012（10）：73-78.

[353] 张琦，方恬．政府部门财务信息披露质量及影响因素研究[J]．会计研究，2014（12）：53-59.

[354] 张琦．论绩效评价导向政府会计体系的构建[J]．会计研究，2006（4）：3-8.

[355] 张琦，王森林，李琳娜．我国政府会计改革重大理论问题研究[J]．会计研究，2010（8）：76-82.

[356] 张琦．新西兰政府会计改革回顾及启示[J]．财会通讯，2007（8）：77-78.

[357] 张琦，张娟，程晓佳．我国政府预算会计系统的构建研究[J]．会计研究，2011（1）：24-30.

[358] 张启春，李淑芳．基本公共文化服务财政保障模式——来自国际的经验[J]．湘潭大学学报（哲学社会科学版），2014，38（4）：13-16.

[359] 张婍，王二平．社会困境下政治信任对公众态度和合作行为的影响[J]．心理科学进展，2010，18（10）：1620-1627.

[360] 张勤．网络舆情的生态治理与政府信任重塑[J]．中国行政管理，2014（4）.

[361] 张蕊，朱建军．官员政治激励与地方财政透明度——基于中国省级面板数据的经验分析[J]．当代财经，2016（1）：29-38.

[362] 张树剑．地方治理、财政透明与经济增长——1985-2013年中国省级面板数据的分析[J]．世界经济文汇，2016（5）：109-120.

[363] 张水平，赫真真．新型城镇化生态治理下的地方政府道德风险研究[J]．河南科技学院学报，2015（3）：1-6.

[364] 张文显．法治化是国家治理现代化的必由之路[J]．法制与社会发展，2014（5）：8-10.

[365] 张学博．财政透明度规则：国家治理现代化的现实路径[J].

天津行政学院学报，2017（3）：26－30.

[366] 张学博. 论财政民主原则：国家治理现代化的现实路径 [J]. 行政与法，2017（6）：75－85.

[367] 张玉. 财税政策的环境治理效应研究 [D]. 北京：经济科学出版社，2014.

[368] 张曾莲，曹敏. 政府管理会计的国际研究与启示 [J]. 广西财经学院学报，2008，21（6）：54－58.

[369] 张曾莲，盖亚洁. 财政透明度、税收负担与隐性经济规模——基于2006—2014年省级面板数据的实证分析 [J]. 山西财经大学学报，2018（7）：16－31.

[370] 张曾莲. 关于建立公共部门成本会计的思考 [J]. 财会月刊：理论版，2007（8）：66－68.

[371] 张曾莲. 基于权变理论的政府管理会计环境与政府管理会计变革：回顾与展望 [J]. 南京财经大学学报，2008（4）：54－58.

[372] 张曾莲. 基于政府财务会计和政府管理会计的政府会计体系的重构 [J]. 中国管理信息化，2011（6）：2－4.

[373] 张曾莲. 论成本管理会计技术在政府的应用 [J]. 财务与金融，2008（5）：67－70.

[374] 张曾莲. 论政府预算会计与财务会计的结合 [J]. 中南大学学报（社会科学版），2011，17（4）：98－103.

[375] 张曾莲，张敏. 政府行政成本提升政府绩效的门槛效应研究——基于2010—2015年省级政府面板数据的实证分析 [J]. 财经理论与实践，2017（5）.

[376] 张曾莲. 政府管理会计的构建与应用研究 [M]. 厦门：厦门大学出版社，2011.

[377] 张曾莲. 政府管理会计的兴起与构建 [J]. 中国管理信息化，2011，14（8）：8－10.

[378] 张曾莲. 政府管理会计环境与政府管理会计变革的权变理论分析 [J]. 广西财经学院学报, 2008, 21 (5).

[379] 张曾莲. 政府管理会计技术与报告研究 [D]. 厦门: 厦门大学, 2009.

[380] 张曾莲. 政府综合财务报告改革促进政治治理能力提升研究——基于30个国家的实证分析 [J]. 经济问题, 2017 (2): 111 - 116.

[381] 章贵桥. 政府会计功能、国家善治与政治信任 [J]. 会计研究, 2017.

[382] 章贵桥. 政府会计职能科学定位与环境治理成本优化——基于古德诺政治与行政二分法视角 [J]. 社会科学战线, 2015 (8): 54 - 61.

[383] 章贵桥. 政府会计职能拓展与行政成本均衡管理 [J]. 甘肃社会科学, 2015 (4): 248 - 251.

[384] 章秀英, 戴春林. 网络使用对政治信任的影响及其路径——基于9省18个县 (市) 的问卷调查 [J]. 浙江社会科学, 2014 (12): 94 - 100.

[385] 赵爱玲, 张婧玲. 构建适应我国公共财政的政府财务报告体系研究 [J]. 甘肃社会科学, 2011 (2).

[386] 赵合云. 财政透明度、媒体关注与政治治理效率 [J]. 当代财经, 2018.

[387] 赵合云. 公共绩效管理框架下政府财务报告的扩展研究 [D]. 长沙: 湖南大学, 2012.

[388] 赵合云. 绩效预算改革引入权责发生制政府会计的有效性分析——基于制度关联性的视角 [J]. 中央财经大学学报, 2009 (5): 7 - 11.

[389] 赵合云. 以提升财政透明度为导向完善政府会计体系 [J]. 财会月刊, 2007 (13): 12 - 14.

[390] 赵建勇. 美国政府与非营利组织会计系列 (一) ——政府与非营利组织会计准则的形成过程 [J]. 预算管理与会计, 2004: 33 - 35.

［391］赵建勇．政府会计目标的国际比较［J］．财经研究，1998（2）：53－61．

［392］赵路．构建公共文化服务财政保障机制 满足人民群众基本文化需求［J］．中国财政，2008（21）：12－15．

［393］赵西卜．对建立政府综合财务报告几个难点问题的思考［J］．财务与会计，2015（17）：60－62．

［394］赵西卜，王建英，王彦，等．政府会计信息有用性及需求情况调查报告［J］．会计研究，2010（9）：9－16．

［395］赵西卜，王彦，王建英．我国政府预算会计体系和政府财务会计体系实现方式的思考［J］．财务与会计，2007（12）：17－19．

［396］赵宇峰，林尚立．国家制度与国家治理：中国的逻辑［J］．中国行政管理，2015（5）．

［397］赵泽洪，刘利．政府生态服务职能及其实现路径［J］．唯实，2007（2）：83－85．

［398］赵志杰．公共文化服务体系建设的财政政策研究［D］．济南：山东财经大学，2013．

［399］郑建君．政治信任、社会公正与政治参与的关系——一项基于625名中国被试的实证分析［J］．政治学研究，2013（6）：61－74．

［400］郑岩．美国联邦政府综合财务报告解读及对我国的启示［J］．财务与会计，2014（8）：42－43．

［401］《政府会计权责发生制研究》课题组．我国预算会计制度的深化改革［J］．财政研究，2002（5）：19－24．

［402］支媛媛．论新公共管理理念下我国政府财务报告的改进［D］．大连：东北财经大学，2007．

［403］中国政府透明度指数报告（2013）——以政府网站信息公开为视角［M］// 中国法治发展报告 No.12（2014）．北京：社会科学文献出版社，2014．

[404] 钟起万，邬家峰．文化治理与社会重建：基于国家与社会互动的分析框［J］．江西社会科学，2013（4）．

[405] 周传猛．权责发生制政府会计研究［D］．北京：财政部财政科学研究所，2013．

[406] 周红云．从社会管理走向社会治理：概念、逻辑、原则与路径［J］．团结，2014（1）：28－32．

[407] 周黎安．中国地方官员的晋升锦标赛模式研究［J］．经济研究，2007（7）：36－50．

[408] 周守华，刘国强．会计越发展，社会越进步——充分发挥会计在经济社会发展中的作用［J］．会计研究，2014（1）．

[409] 周婷婷．基于衍生职能界定的政府会计角色定位研究［J］．新经济，2016（12）：25－26．

[410] 周武星，田发．公共财政视角下的社会治理能力评估［J］．重庆社会科学，2015（4）：18－23．

[411] 周晓丽，党秀云．西方国家的社会治理：机制、理念及其启示［J］．南京社会科学，2013（10）：75－81．

[412] 周雪光．国家治理逻辑与中国官僚体制：一个韦伯理论视角［J］．文化纵横，2013（3）：14－14．

[413] 周彦每．公共文化治理的价值旨归与建构逻辑［J］．湖北社会科学，2016（7）．

[414] 朱浩．财政分权、政治治理与中国经济增长［D］．重庆：重庆大学，2014．

[415] 朱俊立．政府购买社会保障扶贫服务与乡村社会治理创新［J］．财政研究，2014（11）：46－49．

[416] 朱梅，唐丹．农村社会保障中地方政府财政责任的内涵——基于社会治理的视角［J］．农村经济与科技，2015（5）：174－175．

[417] Allen，Robert D. US Government Spending，the National Debt，

and the Role of Accounting Educators [J]. Journal of Accounting Education, 2013, 31 (3): 215-231.

[418] Alt J. E., Lassen D. D. Fiscal Transparency, Political Parties, and Debt in OECD Countries [J]. European Economic Review, 2006, 50 (6): 0-1439.

[419] Alt J. E., Lassen D. D. Transparency, Political Polarization, and Political Budget Cycles in OECD Countries [J]. American Journal of Political Science, 2006, 50 (3): 530-550.

[420] Alt J. E., Skilling L. D. Approval Ratings of Public Officials in the American States: Causes and Effects ‖ Fiscal Transparency, Gubernatorial Approval and the Scale of Government: Evidence from the States [J]. State Politics & Policy Quarterly, 2002, 2 (3): 230-250.

[421] Becker, Gary S. Crime and Punishment: An Economic Approach [J]. Journal of Political Economy, 1968, 76 (2): 169-217.

[422] Begley J., Chamberlain S. The Use of Debt Covenants in Public Debt: The Role of Accounting Quality and Reputation [J]. Ssrn Electronic Journal, 2006.

[423] Benito B., Bastida F. Budget Transparency, Fiscal Performance, and Political Turnout: An International Approach [J]. Public Administration Review, 2010, 69 (3): 403-417.

[424] Berggren N., Elinder M., Jordahl H. Trust and growth: a shaky relationship [J]. Empirical Economics, 2008, 35 (2): 251-274.

[425] Blanchard O. J., Giavazzi F. Improving the SGP Through a Proper Accounting of Public Investment [J]. Cepr Discussion Papers, 2004.

[426] Blanchard O., Shleifer A. Federalism with and without Political Centralization: China Versus Russia [J]. IMF Staff Papers, 2001, 48 (1): 171-179.

[427] Bohn H. The Economic Consequences of Rising US Government Debt: Privileges at Risk [J]. Finanzarchiv Public Finance Analysis, 2010, 67 (3).

[428] Cheung A. B. L. Combating Corruption as A Political Strategy to Rebuild Trust and Legitimacy: Can China Learn from Hong Kong? [J]. Research in Public Policy Analysis & Management, 2008, 17 (8): 55-84.

[429] d'Agostino, Giorgio, Dunne J. P., Pieroni L. Government Spending, Corruption and Economic Growth [J]. World Development, 2016: S0305750X15301078.

[430] Evans Iii J. H., Patton J. M. Signaling and Monitoring in Public-Sector Accounting [M] // Mineral deposits of Europe. Institution of Mining and Metallurgy, 1987.

[431] Everett J., Neu D., Rahaman A. S. Accounting and the Global Fight Against Corruption [J]. Accounting Organizations & Society, 2007, 32 (6): 0-542.

[432] Goel R. K., Nelson M. A. Corruption and Government Size: A Disaggregated Analysis [J]. Public Choice, 1998, 97 (1-2): 107-120.

[433] Heald D. Fiscal Transparency: Concepts, Measurement and UK Practice [J]. Public Administration, 2010, 81 (4): 723-759.

[434] Holmstrom B., Milgrom P. Multitask Principal-Agent Analyses: Incentive Contracts, Asset Ownership, and Job Design [J]. Journal of Law, Economics and Organization, 1991, 7 (Special): 24-52.

[435] Houqe N., Monem R. M. Corruption, Political Institutions, and Accounting Environment: A Cross-Country Study [J]. SSRN Electronic Journal, 2013.

[436] Jain A. K. Corruption: A Review [J]. Journal of Economic Surveys, 2001, 15 (1): 71-121.

[437] Kimbro M. B. Corruption: The Role of Culture, Religion, Wealth and Governance [J]. Social Science Electronic Publishing, 2009.

[438] Kolstad I., Wiig A. Is Transparency the Key to Reducing Corruption in Resource-Rich Countries? [J]. World Development, 2009, 37 (3): 521-532.

[439] Malague O. R., Albrecht C., Ainge C., et al. Accounting and Corruption: A Cross-country Analysis [J]. Journal of Money Laundering Control, 2010, 13 (4): 372-393.

[440] Milesi-Ferretti G. M. Good, Bad or Ugly? On the Effects of Fiscal Rules with Creative Accounting [J]. Journal of Public Economics, 2004, 88.

[441] Mohtadi H., Roe T. L. Democracy, Rent Seeking, Public Spending And Growth [J]. Journal of Public Economics, 2003, 87 (3): 445-466.

[442] Morozumi A., José Veiga, Francisco. Public Spending and Growth: the Role of Government Accountability [J]. European Economic Review, 2016.

[443] Reinhart V., Heaton S. J. The Economic Consequences of Disappearing Government Debt [J]. Brookings Papers on Economic Activity, 2000, 2000 (2): 163-220.

[444] Seligson M. A. The Impact of Corruption on Regime Legitimacy: A Comparative Study of Four Latin American Countries [J]. The Journal of Politics, 2002, 64 (2): 408-433.

[445] Tanzi V. Corruption Around the World: Causes, Consequences, Scope and Cures [J]. Staff Papers, 1998, 45 (4): 559-594.

[446] Wu X. Firm Accounting Practices, Accounting Reforms and Corruption in Asia [J]. Policy & Society, 2005, 24 (3): 53-78.

附　录

财政透明度信息获取伊始是通过信息搜索（网上搜索、公开出版物搜索）和向政府有关部门依法申请两种途径获取财政信息，并根据信息回复及信息获得情况对各省进行评分。每个省、每个部门的总得分是这两部分得分的算术加总。

财政透明度指标构成二级信息要素及二级权重详细内容如下。

（1）一般公共预算基金的信息要素及权重（见附表1）。

附表1　　一般公共预算基金的信息要素及权重

序号	信息要素	权重
1	省总预算公共预算收支总额	2
2	省总预算公共预算收入类级科目	2
3	省总预算公共预算收入款级科目	2
4	省总预算公共预算收入项级科目	2
5	省总预算公共预算收入目级科目	2
6	省总预算公共预算支出功能分类类级科目	2
7	省总预算公共预算支出功能分类款级科目	2
8	省总预算公共预算支出功能分类项级科目	2
9	省总预算公共预算支出经济分类类级科目	2
10	省总预算公共预算支出经济分类款级科目	2
11	省本级公共预算收入类级项目	1
12	省本级公共预算支出功能分类类级科目	1
13	省本级公共预算支出经济分类类级科目	1
14	地市本级公共预算收入类级科目	1
15	地市本级公共预算支出功能分类类级科目	1
16	地市本级公共预算支出经济分类类级科目	1

续表

序号	信息要素	权重
17	县本级公共预算收入类级科目	1
18	县本级公共预算支出功能分类类级科目	1
19	县本级公共预算支出经济分类类级科目	1
20	乡级公共预算收入类级科目	1
21	乡级公共预算支出功能分类类级科目	1
22	乡级公共预算支出经济分类类级科目	1
23	各地市本级公共预算收入类级科目	1
24	各地市本级公共预算支出功能分类类级科目	1
25	各地市本级公共预算支出经济分类类级科目	1
26	各县本级公共预算收入类级科目	1
27	各县本级公共预算支出功能分类类级科目	1
28	各县本级公共预算支出经济分类类级科目	1

（2）政府性基金的信息要素及权重（见附表2）。

附表2　　　　政府性基金的信息要素及权重

序号	信息要素	权重
1	省总预算政府性基金预算收支总额	2
2	省总预算政府性基金预算收入款级科目	2
3	省总预算政府性基金预算收入项级科目	2
4	省总预算政府性基金预算收入目级科目	2
5	省总预算政府性基金预算支出功能分类类级科目	2
6	省总预算政府性基金预算支出功能分类款级科目	2
7	省总预算政府性基金预算支出功能分类项级科目	2
8	省总预算政府性基金预算支出经济分类类级科目	2
9	省总预算政府性基金预算支出经济分类款级科目	2
10	省本级政府性基金预算收入款级科目	1
11	省本级政府性基金预算支出功能分类类级科目	1
12	省本级政府性基金预算支出经济分类类级科目	1
13	地市本级政府性基金预算收入款级科目	1
14	地市本级政府性基金预算支出功能分类类级科目	1
15	地市本级政府性基金预算支出经济分类类级科目	1

续表

序号	信息要素	权重
16	县本级政府性基金预算收入款级科目	1
17	县本级政府性基金预算支出功能分类类级科目	1
18	县本级政府性基金预算支出经济分类类级科目	1
19	乡级政府性基金预算收入款级科目	1
20	乡级政府性基金预算支出功能分类类级科目	1
21	乡级政府性基金预算支出经济分类类级科目	1
22	各地市本级政府性基金预算收入款级科目	1
23	各地市本级政府性基金预算支出功能分类类级科目	1
24	各地市本级政府性基金预算支出经济分类类级科目	1
25	各县本级政府性基金预算收入款级科目	1
26	各县本级政府性基金预算支出功能分类类级科目	1
27	各县本级政府性基金预算支出经济分类类级科目	1

（3）财政专户管理资金的信息要素及权重（见附表3）。

附表3　　财政专户管理资金的信息要素及权重

序号	信息要素	权重
1	省总预算财政专户收支总额	2
2	省总预算财政专户收入款级科目	2
3	省总预算财政专户收入项级科目	2
4	省总预算财政专户收入目级科目	2
5	省总预算财政专户支出功能分类类级科目	2
6	省总预算财政专户支出功能分类款级科目	2
7	省总预算财政专户支出功能分类项级科目	2
8	省总预算财政专户支出经济分类类级科目	2
9	省总预算财政专户支出经济分类款级科目	2
10	省本级财政专户收入款级科目	1
11	省本级财政专户支出功能分类类级科目	1
12	省本级财政专户支出经济分类类级科目	1
13	地市本级财政专户收入款级科目	1
14	地市本级财政专户支出功能分类类级科目	1
15	地市本级财政专户支出经济分类类级科目	1

续表

序号	信息要素	权重
16	县本级财政专户收入款级科目	1
17	县本级财政专户支出功能分类类级科目	1
18	县本级财政专户支出经济分类类级科目	1
19	乡级财政专户收入款级科目	1
20	乡级财政专户支出功能分类类级科目	1
21	乡级财政专户支出经济分类类级科目	1
22	各地市本级财政专户收入款级科目	1
23	各地市本级财政专户支出功能分类类级科目	1
24	各地市本级财政专户支出经济分类类级科目	1
25	各县本级财政专户收入款级科目	1
26	各县本级财政专户支出功能分类类级科目	1
27	各县本级财政专户支出经济分类类级科目	1

（4）国有资本经营预算基金的信息要素及权重（见附表4）。

附表4　　国有资本经营预算基金的信息要素及权重

序号	信息要素	权重
1	国有资本经营预算收支总额	2
2	国有资本经营预算收入款级科目	2
3	国有资本经营预算收入项级科目	2
4	国有资本经营预算收入目级科目	2
5	国有资本经营预算支出功能分类类级科目	2
6	国有资本经营预算支出功能分类款级科目	2
7	国有资本经营预算支出功能分类项级科目	2
8	国有资本经营预算支出经济分类类级科目	2
9	国有资本经营预算支出经济分类款级科目	2
10	国有资本经营预算支出经济分类项级科目	2
11	省本级国有资本经营预算收入款级科目	1
12	省本级国有资本经营预算支出功能分类类级科目	1

续表

序号	信息要素	权重
13	省本级国有资本经营预算支出经济分类类级科目	1
14	地市本级国有资本经营预算收入款级科目	1
15	地市本级国有资本经营预算支出功能分类类级科目	1
16	地市本级国有资本经营预算支出经济分类类级科目	1
17	县本级国有资本经营预算收入款级科目	1
18	县本级国有资本经营预算支出功能分类类级科目	1
19	县本级国有资本经营预算支出经济分类类级科目	1
20	乡级国有资本经营预算收入款级科目	1
21	乡级国有资本经营预算支出功能分类类级科目	1
22	乡级国有资本经营预算支出经济分类类级科目	1
23	各地市本级国有资本经营预算收入款级科目	1
24	各地市本级国有资本经营预算支出功能分类类级科目	1
25	各地市本级国有资本经营预算支出经济分类类级科目	1
26	各县本级国有资本经营预算收入款级科目	1
27	各县本级国有资本经营预算支出功能分类类级科目	1
28	各县本级国有资本经营预算支出经济分类类级科目	1

（5）政府资产负债的信息要素及权重（见附表5）。

附表5　政府资产负债的信息要素及权重

序号	信息要素	权重
1	政府资产负债总额	1
2	政府资产一级分类信息	1
3	政府资产二级分类信息	1
4	政府负债一级分类信息	1
5	政府负债二级分类信息	1
6	政府净资产一级分类信息	1
7	政府净资产二级分类信息	1

（6）部门预算及相关信息的信息要素及权重（见附表6）。

附表6　　部门预算及相关信息的信息要素及权重

信息要素	信息要素明细	权重	说明
部门收入分类	部门收入分类	1	财政拨款等6个信息项
部门支出功能分类	部门支出功能分类类级科目	1	一般公共服务等23个信息项
	部门支出功能分类款级科目	1	如教育的教育管理
	部门支出功能分类项级科目	1	如高等教育
部门支出经济分类	部门支出经济分类类级科目	1	工资福利支出等13个信息项
	部门支出经济分类款级科目	1	基本工资等98个信息项
基本支出功能分类	基本支出功能分类类级科目	1	一般公共服务等23个信息项
	基本支出功能分类款级科目	1	如教育的教育管理
	基本支出功能分类项级科目	1	如高等教育
基本支出经济分类	基本支出经济分类类级科目	1	工资福利支出等13个信息项
	基本支出经济分类款级科目	1	基本工资等98个信息项
项目支出功能分类	项目支出功能分类类级科目	1	一般公共服务等23个信息项
	项目支出功能分类款级科目	1	如教育的教育管理
	项目支出功能分类项级科目	1	如高等教育
项目支出经济分类	项目支出经济分类类级科目	1	工资福利支出等13个信息项
	项目支出经济分类款级科目	1	基本工资等98个信息项
部门资产信息	一级分类信息	1	流动资产、固定资产等5类
	二级分类信息	1	房屋、汽车等4类
	三级分类信息	1	办公用房等11类
	补充资产信息	1	占地面积等
部门人员情况	人员编制总数及各类人员数	1	行政编制与事业编制
	实有人员总数及各类人员数	1	在职人员、离休人员、退休人员
	按经费来源划分的各类人员数	1	公共财政预算拨款开支、公共预算财政补助开支、经费自理
部门机构设置	一级分类信息	1	机构总数
	二级分类信息	1	行政、事业与其他
	三级分类信息	1	共产党机关等10类

（7）社会保险基金的信息要素及权重（见附表7）。

附表7　社会保险基金的信息要素及权重

序号	信息要素	权重
1	各项社会保险基金的收支总额	1
2	各项社会保险基金的收入类级科目	1
3	各项社会保险基金的收入款级科目	1
4	各项社会保险基金的支出类级科目	1
5	各项社会保险基金的支出款级科目	1
6	各项社会保险基金收支分级信息（类级科目）	1
7	各项社会保险基金的基本数字（类级科目）	1
8	各项社会保险基金资产的类级科目	1
9	各项社会保险基金资产的款级科目	1
10	各项社会保险基金资产的项级科目	1
11	养老基金的长期收支预测	1

（8）国有企业基金的信息要素及权重（见附表8）。

附表8　国有企业基金的信息要素及权重

序号	信息要素	权重
1	国有企业的收入、费用和利润总额	1
2	国有企业的资产、负债及所有者权益总额	1
3	国有企业资产负债表	1
4	国有企业利润表	1
5	国有企业现金流量表	1
6	国有企业所有者权益变动表	1
7	政府直属企业主要指标表	1
8	政府直属企业达到与国内上市公司同等信息披露要求	1

（9）被调查者态度的信息要素及权重（见附表9）。

附表9　被调查者态度的信息要素及权重

序号	信息要素	权重
1	政府态度与责任心	1
2	部门态度与责任心	1

后　记

这可能是一篇与众不同的后记。

爸：

我写累了。同学说写论文不要停，写累了综述写实证，实证写累了写后记，所以，我来写后记了。

爸，我有一万句一万句想要跟你说的话，应该如何说给你听呢？你走了以后，我也以为自己会像别人那样，成为担起全家重任的人，成为一夜之间长大的人。可是，我并没有。每天起床给孩子穿衣服送上学，放学接她，回家讲故事。除此之外，我连呼吸都是疼的，什么都不能做，什么都不想做。睁眼，天是灰的，眼前是无所谓的，因为无论什么风景，我眼中再也没有你了，再也牵不到你的手了，再也不能跟你聊天了。

别人的父亲深沉寡言，其实咱俩交谈比我和我妈多，咱俩之间有那么多美好的片段，可能是很多父女之间不存在的。感谢我一直没写完的论文，让我以学习之名跟你一起去学校，你看小说我写论文，写累了我们一起走回家，七分钟的路程，还要去商店买块豆腐买盒烟，你会给我讲这家商店的烟多少钱，跟旁边的比便宜几块，上次买了一条烟她还送了你一包面巾纸。要不然，就是你这次看的小说是讲哪个高官多少家产开什么车，自己还不知道这车多拉风；执行什么紧急任务，怎么怎么枪林弹雨。就跟咱俩曾经的假期生活一样，看射雕，看天龙八部，看金庸看梁羽生，你总跟我讲书里是怎么写的，他俩大战几百回合，谁比谁武功高。每每这时候我都在神游，顺便心里吐槽你幼稚。初中一次我扎吊瓶，你陪着我，依旧拿本大书，我问这么两天你能看完吗，你说你看书快，我说对，一目十行，你说不是，你是一目十一行。每次我们一起走，我都耍赖电脑沉让你拿电脑。说来也怪，我一个人回大连写论文也从来没忘记过什么，你一去陪我，我就今天忘电源线明天忘鼠标的，撒着娇打电话你就给送下来，然后就拽着你送我到自习室或者咖啡厅你再走，要是咖啡厅没开门，我就跟你一起去趟菜市场，买点蔬菜，顺点水果再道别。这样平平淡淡的日子，我竟不知道还有结束的一天。我知道生老病死是自然界最自然的自然规律，我也知道我也会有这一天，我知道你完成了自己人生的使命，自己长大成人，赡养了自己的父母，送走了老人，养大了自己的孩子，自己的孩子也成家了有了下一代，还带着下一代种过地浇过花看过海洋世界，然后自己在一片平静中离去，我知道这是最平凡也是最幸福的一种人生了，可是爸，我只是舍不得你，想得像撕碎了心一样的舍不得你。

一直以来，坚持读完这个博士都是我的梦想，我梦想着有这个博士学位，然后做一名大学教师。最近遇到的挫折却让我有了退意，你不在了，我花了好久思索我能成为什么样的人，我会有怎样的人生。以前，我能看见自己的未来，能想象到我从事怎样的职业，家庭是什么样子，孩子什么样。你走了以后，我甚至不知道应该怎么说话。爸，你在教育方面一直跟我妈存在分歧，我妈希望教育我成为一名淑女，温文尔雅，你说我喜欢怎样就怎样；我妈教我怎么刷碗，你说不用教，刷干净了就行，自己去琢磨；你写一手好字，却不教我书法，你说字是自己的感悟，隋鹏问你怎么练字，你说多看书。爸，我觉得我之所以是我，是因为有你在背后支撑着我，让我恣意妄为地做自己，追求自己的梦想。可是你不在了，我该怎么做，怎么说？还有谁能像你一样爱护我保护我包容我？我还有成为我自己的资格吗？同学劝我不要放弃，什么读这么多年，什么可惜，都不是我继续走下去的理由，而是这篇后记，这些我想对你说的话，这些，是我的动力。我一直有表达障碍，心里想的东西从来不敢表达出来，因为怕伤害别人。是呀，你就是这样善良的人，这样一直替别人考虑的人，病了也不联系医院的同学，怕给人添麻烦，我是你教出来的孩子，我又能差到哪去呢？所以啊，那些想说不能说的话，那么多年，都在心里烂掉了。爸，我就任性一次，让我这回一次说个够吧。

爸，别人不跟我提你的时候，我还能当做一切都是正常的，见人打招呼，微笑，聊天。可是一旦提起你，好像就在又一次告诉我，你真的走了，从第一张彩超，到后来的介入，到北京的化验，到沈阳，到回老家，医院，殡仪馆，墓地，这些日子，是真实存在过的，不是梦，不是电影，竟是我真实经历了的。47 天，你就走了。确诊以后，我们第一次谈论生死，我问你如何看待生死，你说顺其自然。病情发展到吐字不清了，你还在给护士讲笑话。爸，你怕过吗？有什么遗憾吗？还想做什么吗？爸你能告诉我吗？初中的时候，我英语都考全县第一了，你还说我离你要求差太远了，现在呢，现在你还满意吗？我都三十多岁了，博士还没毕业，你还对我满意吗？

昨天收拾家，一摞笔记本里，我找到了你几年前的笔记，也是那次生病，让你在家卧床几个月，你那时的随笔成了我现在的宝藏。你是我认识的最正直的人，像个侠士一样，从来都是坦荡荡，咱家连个锁都没有。我问一个朋友，她是怎么走出这种伤痛的，她说，“这宇宙浩瀚，有那么多我们无法解释和无法理解的现象。我觉得有一天，我们还会遇见他，到那时，你要告诉他，这些年你过得是怎样精彩的”。妈妈的一个朋友说，你是天上的酒仙，这辈子就是来还我妈的一个愿的，还一段夫妻缘，缘尽了，你就归位了。爸，这是我听过的最棒的解释了，你看他们多善良。

爸，我决定了，我还是想做自己，那个跟有你在一样的自己，对得起天对得起地，对得起你的教导的自己。人生在世，总要给身边的人留下些美好，才不枉一生，是不是？

我们都会好的，爸

我只是想你，爸

我问，我下辈子还能做你的女儿吗？

隋鹏说，一定会的。

所以爸，下辈子我还做你的女儿吧。

爸，我想你。

爸，我爱你。

王汇华

2020 年 6 月 5 日